LE MALHEUREUX IMAGINAIRE,

COMÉDIE

EN CINQ ACTES, EN VERS;

Par M. DORAT.

Représenté à Paris, pour la premiere fois, par les Comédiens François, le 7 Décembre 1776.

A PARIS,

Chez DELALAIN, Libraire, rue & à côté de l'ancienne Comédie Françoise.

M. DCC. LXXVII.

AVANT-PROPOS.

VOICI mon troisieme Essai dans le genre de la Comédie noble ; ce genre si difficile, si peu encouragé, & qui arrache, avec tant de peine, des succès qu'on prodigue avec tant de complaisance aux plus minces frivolités.

Moliere, l'inimitable Moliere, qui a mis presque toute la morale en action, ce grand homme, obligé, plus d'une fois, de réchauffer, par des bouffonneries, un Public ingrat, dont il éprouvoit les froideurs, dès qu'il redevenoit Philosophe, Moliere eut besoin du *Médecin malgré lui*, pour étayer les représentations du *Misanthrope*.

Ce seul trait peint assez bien le caractere de notre Nation, & doit faire trembler tous les Auteurs Comiques qui voudroient s'aviser quelquefois de n'être pas de mauvais Plaisans.

Il existe encore d'excellens Juges ; mais ils sont trop sages pour être *tranchants*, trop modestes pour ébruiter leur opinion. Une approbation réfléchie, tranquille & durable, se limite dans leur cercle, & ce n'est qu'à la longue qu'elle prévaut sur les vagues décisions de la multitude, ou les arrêts prémédités des partis dominans.

C'est à ces arrêts-là que j'ai toujours dû m'attendre, & j'ai trop bien su les apprécier, pour les craindre. J'écoute, avec autant de reconnoissance que de docilité, les critiques de bonne foi; mais j'ai le plus souverain mépris pour ces Détracteurs à gages, qui mentent à eux-mêmes dans l'éloge ou dans la satyre; pour ces petits furieux, qui se mutinent, se courroucent, se démenent en l'honneur du goût, écrivent par métier, parlent de leur ame dans des libelles; allient, par un contraste piquant, l'excès de l'audace & de la bassesse, de la présomption & de l'insuffisance; pâlissent de honte quand ils se jugent, & deviennent, à force d'orgueil, d'insolence & de médiocrité, des originaux précieux pour leur siecle qui s'en amuse, & perdroit trop à les voir corrigés. Cette espece de gens injurie & n'offense point; aussi n'est-ce pas à eux que je réponds.

Si j'entre dans quelque discussion, ce n'est que pour ceux qui, n'ayant jamais le projet de nuire, ont seuls le droit d'éclairer. Je suis loin de me dissimuler mes défauts; peut-être seulement les a-t-on exagérés.

Il me semble qu'assez généralement on reproche au *Malheureux Imaginaire* de n'avoir point assez d'action. Le reproche est fondé sans doute ; mais ma justification l'est aussi. Comme mon but principal étoit de développer des caracteres, j'avois cru y parvenir plus sûrement, en ne m'embarrassant pas dans les fils d'une intrigue, qui m'auroient gêné dans la route que je voulois suivre.

J'ai donc sacrifié volontairement ce qu'on appelle la rapidité de la marche, à la recherche, plus laborieuse encore, des différentes nuances qui devoient tendre à l'effet unique que je m'étois proposé.

Il y a beaucoup plus de mouvement dans les *Fourberies de Scapin*, que dans les *Femmes Savantes* ; cependant cette derniere Comédie passe pour un chef-d'œuvre ; & l'autre n'a pas, à beaucoup près, la même réputation..

Quant au sujet même de ma Piece, contre lequel on s'est déchaîné sans trop d'examen, je ne crois pas, exécution à part, qu'il en existe un plus beau, plus philosophique, & qui attaque plus directement le vice radical des mœurs actuelles. Il ne faut que reposer un œil attentif ſur le tableau de la Société ; pour y voir régner ce tourment, cette agitation, ce délire inquiet d'une imagination malade, qui ſe crée des fantômes, ne croit à aucun des biens dont elle jouit, réaliſe tous les maux qu'elle prévoit, s'agite douloureuſement au ſein des délices, & s'empoiſonne aux ſources mêmes d'où l'antidote devroit partir.

On diroit que l'ame, accablée ſous la jouiſſance, s'émouſſe pour le bonheur. Quand le deſir ne ſait plus où ſe prendre, il en réſulte je ne ſais quelles affections confuſes & vagues, qui élevent des nuages dans l'eſprit, l'abandonnent aux illuſions, amenent les craintes, enfantent la défiance, & dégénerent en infortune.

D'ailleurs, d'après les objets que chaque jour renouvelle, l'ame la plus douce, quand elle eſt ardente, eſt ſuſceptible d'être enfin aigrie. Alors elle s'égare d'autant plus, qu'elle avoit été plus ſenſible ; & cette ſenſibilité, ſource du bonheur, quand elle eſt contenue une fois hors de ſes limites, peut expoſer à mille écarts, qu'il eſt, ce me ſemble, important de peindre ſous des traits qui puiſſent en corriger.

J'ai donné au principal personnage de la Piece tout ce qui doit rendre desirable le sort d'un homme, sous les différens rapports qu'il peut avoir avec la Société. Je le place dans un rang illustre, pour faire jouir sa vanité; je le peins environné d'honneurs, & au comble du crédit, pour contenter son ambition; je le suppose adoré d'une femme charmante, pour satisfaire sa sensibilité. La nature & la fortune semblent à l'envi s'occuper de son bonheur; &, grace au travers de son imagination, toutes deux réunies ne peuvent l'empêcher d'être malheureux. Cette imagination active & cruelle réalise ce qu'il a rêvé, le rend fâcheux pour les autres, injuste pour sa Maîtresse, importun à lui-même : elle altere, elle corrompt, au fond de son ame, jusqu'à ce plaisir si pur, qui émane de la bienfaisance. En un mot, si elle ne détruit pas entiérement ses bonnes qualités, elle en offusque l'éclat, en retarde l'effet, & lui en enleve le fruit. Quel caractere plus attachant & plus vrai à présenter aux hommes, qui n'ont déjà que trop de peines réelles, sans qu'ils se fatiguent encore à en imaginer !

Quoi qu'on en dise, il est peu de défauts

plus eſſentiels à combattre ; & c'eſt la beauté même de ce ſujet, critiqué avec tant d'amertume, qui, me reportant ſans ceſſe ſur le fond, m'a fait négliger quelques acceſſoires qu'on a paru regretter, & qui m'auroient contraint à trop de ſacrifices.

Le grand reproche de mes Cenſeurs a été qu'on ne pouvoit s'intéreſſer pour un homme dont les malheurs ne ſont qu'imaginaires. J'avoue que je ne conçois rien à cette objection.

Le *Duc de Semours* n'eſt vraiment un perſonnage comique, que parce qu'il a un travers bien marqué ; & ce travers, quel eſt-il ? c'eſt de ſe croire malheureux, ne l'étant pas.

Depuis quand exige-t-on, dans la Comédie, un autre intérêt que celui qui doit naître de la correction d'un vice, ou de la peinture d'un ridicule ?

C'eſt comme ſi l'on diſoit du *Miſanthrope*, qu'on ne ſauroit trop citer : Un original, qui hait l'Univers, ne peut intéreſſer perſonne ; donc il n'eſt point théâtral. C'eſt comme ſi l'on diſoit du *Glorieux* : On ne peut être ému par un perſonnage plein de jactance, de vaine gloire, d'une haute opinion de lui-même, & de dédain pour les autres ; donc il falloit le bannir de la Scene : enfin, c'eſt comme ſi l'on diſoit du *Méchant* : Le moyen qu'on s'intéreſſe à un caractere qui ne s'occupe qu'à inventer des reſſorts pour nuire, & des ruſes pour brouiller !

Quand j'annonce le *Malheureux Imaginaire*, ce ne ſont point des malheurs réels que je promets, & l'on n'a rien à me dire ſi j'ai tenu exactement ce que j'ai promis. Avant de ſonger à l'intérêt, il a fallu donner à *Semours* le degré de ridicule qu'il pouvoit avoir ſans ſe dégrader. Cette nuance, auſſi difficile qu'indiſpenſable, n'eſt pas celle qui m'a coûté le moins.

Ce n'eſt donc point du *Malheureux Imaginaire* même que j'ai dû attendre ces douces impreſſions, les ſeules que puiſſe & doive produire la vraie Comédie. Conformément à mon plan, ces impreſſions ont dû naître du caractere de Madame *de Thémine*, de la généroſité d'une femme brillante & jeune, qui s'attache au ſort d'un malheureux ; (car, puiſque l'effet exiſte, qu'importe la cauſe ?) d'une femme, dis-je, qui ramene, par l'indulgence, une imagination effarouchée, oppoſe le calme aux ombrages, l'amour à l'injuſtice, trouve au fond de ſon cœur le ſecret de la perſuaſion ; ôte à la morale l'auſtérité qui la fait craindre, & prête à la raiſon le charme qui la fait aimer.

Un autre contraſte, qui n'a point frappé d'abord, mais que je crois très-néceſſaire à l'enſemble du tableau, c'eſt le perſonnage du *Baron*, eſpece de Philoſophe ſombre & réfléchi, qui ſoutient, avec calme & avec conſtance, des infortunes réelles, tandis que *Semours* eſt agité ſans ceſſe, & quelquefois découragé par les chimeres de ſon imagination. Un homme qui, ſans motif, s'afflige de tout, un autre qui ſupporte & apprécie tout, un autre, enfin, qui ſe moque de tout ; voilà, en trois mots, le deſſein de la Piece, & l'idée primitive d'où toutes les autres ont découlé.

Mais *Semours*, diſent quelques autres, a des malheurs très-réels. Eh ! qui ſont-ils ? Il veut marier ſa ſœur à St. Brice. Que ce ſoit par dépit, ou non, ſa ſœur l'accepte ; &, après avoir craint le refus, il trouve, dans l'aveu même, des raiſons de ſe tourmenter : il demande des graces qu'il obtient ; &, lorſque le Miniſtre lui a fait l'accueil le plus favorable, il en conclut qu'on le trahit, & que ces dehors ſereins ſont le maſque de la perfidie. Il idolâtre une femme, dont les vertus méritent la confiance la plus entiere, qui lui donne, à chaque instant, des preuves de sa tendresse. N'importe, il s'en croit haï, abandonné, trompé, sur quelques mots qui lui échappent en faveur d'un jeune homme qu'elle protege. Sans précaution & sans mystere aucun, elle remet à *Florville* un billet de la sœur d'*Emilie*, de celle qu'il aime ; & soudain *Semours* s'imagine que ce billet est de la Marquise elle-même, & qu'il renferme une déclaration de ses sentimens. Il n'y a certainement qu'un *Malheureux Imaginaire* au monde, qui puisse avoir une jalousie aussi peu motivée; mais ce n'est qu'en lisant l'ouvrage, que l'on se convaincra de la suite & de la vérité de ce caractere.

Beaucoup de personnes ont paru souhaiter que la Piece portât le titre de l'*Insouciant*, & qu'il en devînt le sujet. C'est une de ces idées jettées au hazard, & qui tombent d'elles-mêmes, dès qu'on vient à les approfondir. Que dis-je? Il ne faut qu'un moment de réflexion pour se convaincre que d'*Epermont* ne devoit jamais être qu'un personnage épizodique. Rire de tout, ne s'affecter de rien, est peut-être un défaut : mais à quoi bon s'élever contre un défaut qui rend heureux celui qui le possede? D'ailleurs, ce d'*Epermont* est un être à peu près incorrigible. Ne devant rien au systême, à la combinaison ; échappé, en quelque sorte, des mains de la nature, les moralités n'ont point de prise sur lui. En dépit qu'on en ait, il faut convenir qu'il a souvent raison : en le prêchant, on seroit contraint de l'envier ; & je ne vois rien là qui puisse fournir le fonds d'une Comédie. Je demande à ceux qui ont porté ce jugement hâtif & superficiel, si c'est un personnage comique, qu'un caractere où il n'y a rien à réformer, ni à punir ? Pour revenir à celui de *Semours*, je n'ai pu encore m'expliquer à moi-même les véritables raisons du déchaînement qu'il a d'abord excité. Je ne pense pas avoir blessé, en le traçant, aucune des convenances auxquelles m'assujettissoient la position & le rang que je lui donne. Je connois, aussi bien qu'un autre, cette foule de délicatesses, qui, dans une Comédie du genre de la mienne, doivent nécessairement captiver le style de l'Ecrivain, comme ce qu'on appelle usage, regle, & compose le maintien de l'homme honnête, que distingue le ton de la bonne Compagnie; &, si je me ſuis permis quelques-unes de ces hardieſſes, qui échappent à une ame libre & ſenſible, il étoit impoſſible que je manquaſſe à aucune des bienſéances dont on eſt averti par ce tact que donne l'éducation, par l'habitude des égards réciproques, ſur-tout par ce reſpect qu'on ſe doit à ſoi-même.

Pour répondre à un autre reproche auquel je ne pouvois guere m'attendre, qu'importe que *Semours* ait le titre de Duc, ſi ce titre-là eſt ſoutenu dans lui, par la dignité de l'ame & la nobleſſe de l'expreſſion ? La qualification, quelque brillante qu'elle ſoit, ne me ſemble pas autrement compromiſe dans un perſonnage qui la releve & l'honore par des vertus. *Semours* a du crédit, & il l'emploie à faire du bien : *Semours* eſt homme de qualité, & c'eſt par la bonté du cœur que je le caractériſe. Ses malheurs ne ſont que pour lui : il cherche à rendre heureux tout ce qui l'environne. Son ame, un peu ombrageuſe, mais tendre, généreuſe & paſſionnée, s'annonce juſques dans le choix de ſa Maîtreſſe. S'il s'éleve contre ces hommes cruels, qui ſe font un jeu de l'infortune des femmes, en quoi cela peut-il choquer ceux qui ſeroient faits pour les aimer, les apprécier & les défendre ? S'il déclame contre les maneges de l'intrigue, en quoi cela auroit-il pu déplaire à cette classe supérieure de Citoyens, qui, par leur naissance & leurs principes, sont faits pour la confondre, ou pour la dédaigner ?

Comme il n'est rien que la malignité n'ait tourné & fait interprêter à mon désavantage, plusieurs motifs, intéressans pour moi, m'ont forcé à rendre compte au Public de mes véritables intentions.

L'acharnement de mes ennemis, de ces gens qu'on connoît si bien, qu'on estime si peu, mais auxquels on se rallie quand il s'agit de nuire ; leur soulevement, leurs manœuvres, leurs fureurs dans tous les genres, n'ont servi qu'à me donner plus de confiance dans mes forces, & une meilleure idée de l'ouvrage qu'ils ont si cruellement déchiré : on n'en fera point d'éloge (supposé qu'on en fasse) qui vaille à mes yeux le mal qu'ils en ont dit.

Je connois l'étendue de l'art & les bornes de mon talent. Dieu merci, je n'ai point d'orgueil. J'ai ri mille fois des puérilités de l'amour-propre ; mais j'ai le bonheur de posséder un de ces caracteres qui se roidissent contre l'obstacle, une de ces ames dont le reſſort s'affermit par les chocs, & double par la réſiſtance. La lice eſt ouverte ; j'y ai fait les premiers pas, rien ne m'empêchera de pourſuivre. Sans appui, j'appellerai à mon ſecours le courage & les travaux. Accoutumé depuis long-temps aux injuſtices, je ſentirai que mes reſſources ſont toutes en moi-même ; je n'envierai rien, je ne devrai rien ; &, renonçant aux récompenſes qu'on rougit de demander, quand on abaiſſe ſes regards ſur la plupart de ceux qui les obtiennent, je tâcherai, s'il eſt poſſible, de m'en dédommager par des ſuccès.

PERSONNAGES.	ACTEURS
	Mrs.
LE DUC DE SEMOURS.	Molé.
LE CHEVALIER D'EPERMONT.	Bellecour.
LE BARON DE St. BRICE.	Préville.
LE MARQUIS DE FLORVILLE.	Monvel.
MONROSE, *Valet de Chambre du Duc.*	Dugazon.
	Mlles.
LA MARQUISE DE THÉMINE.	Doligny.
EMILIE, *sœur du Duc.*	Vadé.
Mme. DE FOLANGE, *parente du Duc.*	Fanier.
LAURETTE, *Suivante d'Emilie.*	Dugazon.

Quelques Laquais, Personnages muets.

La Scene est à Paris, dans l'Hôtel de Semours.

LE

LE MALHEUREUX IMAGINAIRE,

COMÉDIE.

ACTE PREMIER.

SCENE PREMIERE

LAURETTE, MONROSE.

(*Monrose entre un moment avant Laurette.*

LAURETTE, (*élevant la voix.*)

EH! te voilà? Tant mieux. Je te cherche, & pour cause.

MONROSE.

Chut.

LAURETTE.

Pourquoi?

MONROSE.

Parlons bas, tout le tems qu'il repose.

A

Je souffre, quand par moi son sommeil est troublé.
Il est si malheureux, dès qu'il est éveillé!
Je ne sais quel Démon l'agite & le lutine;
Son esprit croit soudain tout ce qu'il imagine,
S'exagere les maux, par lui-même enfantés,
Et de ses fictions fait des réalités.
Madame de Thémine, ici, par complaisance
Pour notre jeune sœur, fixa sa résidence.
C'est un Ange; il l'adore, & même en fait l'aveu.
Hé bien!... cet Ange-là le fait damner, morbleu!
Plus elle a de vertus, & plus il s'inquiete:
Il ne lui manquoit plus qu'une Amante parfaite.
Ils sont drôles tous deux! il vouloit l'épouser,
Et, dans un bon moment, il l'osa proposer:
On consent; il triomphe, & son ame est ravie;
Mais, ne voilà-t-il pas sa diable de manie
Qui vient tout déranger? Dieu sait s'il fut pressant!
Il brûloit de finir, il le craint à présent.
Tu rirois de les voir s'obstiner au silence;
Lui, par un pur caprice, elle par bienséance;
Mécontens l'un de l'autre, embarrassés, distraits,
En voulant s'expliquer, ne s'expliquant jamais.

LAURETTE.

Venons au fait. St. Brice... est-il vrai? l'on publie
Qu'avec lui Semours part, qu'il emmene Emilie,
Sa sœur? la pauvre enfant! on dit qu'ils vont aller

Philosopher bien loin, & presque s'exiler.
Pour moi, je n'irai point, dans une solitude,
Renoncer aux plaisirs dont j'ai pris l'habitude,
Et suivre tristement son éternel Baron.
Ciel! quel air effrayant il donne à la raison!

MONROSE.

Elle & lui te font peur?

LAURETTE.

Mais, une peur horrible...
Elle est contrariante, il est inaccessible.
Ainsi le Duc & lui ne se peuvent quitter?

MONROSE.

Ils s'occupent tous deux à se bien attrister.

LAURETTE.

L'aimable passe-tems!... tu l'approuves peut-être?

MONROSE.

Mais, j'aime assez St. Brice, il est bon à connoître.

LAURETTE, (*très-gaiment.*)

Moi, j'aime cent fois mieux ce Monsieur d'Epermont,
Qui prend les incidens, & les jours comme ils sont,
N'a jamais de chagrin, échappe aux moindres chaînes;
Veille pour les plaisirs, & s'endort sur les peines:
Joueur, Convive, Amant, bien couru, bien fêté;
N'ayant rien, osant tout, riche de sa gaité;

Très-Philosophe enfin : car, au fait, je soupçonne
Qu'on l'est à sa maniere, & la sienne est la bonne.

MONROSE.

Certaine Dame, ici, l'aime & lui plaît assez.

LAURETTE.

Madame de Folange?

MONROSE.

Ils sont bien peu sensés ;
Bien aimables tous deux.

LAURETTE.

Oh! c'est une étourdie!

MONROSE.

Charmante!

LAURETTE.

Croirois-tu que sa coquetterie
En veut même au Baron?

MONROSE.

Oui?

LAURETTE.

Rien n'est plus certain.
Comment! elle raisonne!

MONROSE.

Eh! quel est son dessein?

LAURETTE.

Il est clair : d'exciter quelqu'alarme nouvelle

Au cœur de ſon Amant, fait tout exprès pour elle.
De la légereté, pas le moindre lien :
En tenant l'un à l'autre, ils ne tiennent à rien.
Oh! ſi j'avois le droit d'avoir des fantaiſies,
Les ſiennes me plairoient ; je les aurois choiſies.
Nul ſouci, rien de grave, & rien de calculé ;
Point de réflexion, un déſordre réglé,
Ue goût eſſentiel pour les ardeurs légeres ;
L'étude des plaiſirs, l'abandon des affaires ;
D'amour, ce qu'il en faut pour ſe mettre au courant ;
Car rien n'eſt plus oiſif qu'un cœur indifférent.
Quelle combinaiſon peut valoir la ſaillie ?
Nous vivons deux inſtans ; l'un eſt pour la folie ;
Et tiens, à tout haſard, dût-elle l'emporter,
Quand la raiſon veut l'autre, il lui faut diſputer.
Je l'attends : qu'elle vienne, à l'aſſaut je ſuis prête,
Et je te réponds bien que je lui tiendrai tête.
Mais, je parle aujourd'hui beaucoup plus qu'il ne faut.

MONROSE.

C'eſt un babil qui plaît.

LAURETTE.

Je réſume en un mot.
Si tu m'aimes, aviſe, entreprends ; &, pour gage,
Diſſuade le Duc de ſon maudit voyage.

MONROSE.

Et ſi j'en viens à bout ?

LAURETTE.

Essaye, agis.

MONROSE, (*se rapprochant.*)

Promets

Qu'alors ton cœur...

LAURETTE.

Mon cœur est le prix du succès.

SCENE II.

Le DUC, MONROSE.

Le DUC, (*avec mélancolie.*)

Oui, l'homme traversé dans ses desirs volages,
Flétri par ses chagrins, troublé par ses présages,
Redoutant l'avenir, le présent tour-à-tour,
Si l'amitié le trompe, ose croire à l'amour.
Hé bien! ce sentiment, le plus cruel, peut-être,
Devient tyran des cœurs, dont il s'est rendu maître.
Confiant, il est froid; jaloux, il est affreux:
Quelque forme qu'il prenne, il nous rend malheureux.

MONROSE, (*à part.*)

Toujours nouveaux soucis lui travaillent la tête.
(*haut.*)
J'ai remis à tantôt...

Le DUC.

Qui ?

MONROSE.

Ces gens pour la fête.

Le DUC.

Une fête !

MONROSE, (*à part.*)

En effet, rien n'eſt plus tourmentant.

(*haut.*)

Puis votre Régiſſeur ; il n'étoit pas content
D'être congédié.

Le DUC.

Quelles raiſons ſoudaines ? ..
Que dit-il ?

MONROSE.

Que le Ciel a béni vos Domaines.

Le DUC.

Oui, je crois que le Ciel s'occupe fort de moi.

MONROSE.

Il apportoit des Baux, des papiers, & je croi
Qu'on peut....

Le DUC, (*ſans écouter Monroſe.*)

Je reſpirois. Mon ame étoit contente,
Madame de Thémine, à préſent, la tourmente.
Je ne ſuis point aimé ; je vois, je ſens cela :

On ne se méprend point à ces vérités-là.
(*à part.*) (*haut.*)
Si je pouvois ... Venez ; vous, parlez à Sophie,
Femme de la Marquise, & presque son amie.
Voit-on un zèle vrai percer dans ses discours ?

MONROSE.

Sa Maîtresse est l'objet qui l'occupe toujours.

Le DUC.

Encor ?

MONROSE.

Mais elle dit qu'elle est très-bienfaisante ;
Paisible dans ses goûts.

Le DUC, (*à part.*)

J'entends ; indifférente.

MONROSE.

La lecture lui plaît.

Le DUC, (*à part.*)

Ce plaisir, je le voi,
L'occupe infiniment, & beaucoup plus que moi.
Et, de moi, qu'en dit-on ?

MONROSE.

Oh! rien, je vous assure.

Le DUC.

Rien ? mais... j'en suis ravi, c'est un très-bon augure.
Ecrit-elle ?

MONROSE.

Souvent.

Le DUC.

Elle écrit, dites-vous?
Fort bien; & l'entend-on regretter ſon Epoux?

MONROSE.

Elle n'en parle pas.

Le DUC, (*à part.*)

Je ſuis sûr qu'elle y penſe.

MONROSE.

Le défunt a des droits ſur ſa réminiſcence.

Le DUC, (*allant & venant ſur la Scene.*)

Il ſuffit de ces faits: ils ſont déterminans.
D'ailleurs, je n'ai point eu ſes premiers ſentimens.
St. Brice.....

MONROSE.

Il eſt venu; mais, fatigué d'attendre,
Il a pris, malgré moi, le parti de deſcendre.
De jour en jour encor ſon front ſe rembrunit,
Et, ſi pour la campagne il part, comme on le dit,
Avec Monſieur le Duc, moi, je craindrois d'avance,
Qu'une ſi noire humeur....
(*Ici le Duc a l'air de lui impoſer ſilence. Monroſe continue*)
Quoi qu'il en ſoit, je penſe
Qu'il reſpire là-bas la fraîcheur du matin,
Dans vos Jardins Anglois, un Young à la main.

SCENE III.

Le BARON, Le DUC, MONROSE.

Le DUC.

COUREZ... ah! le voici.

Le BARON, (*quittant la lecture où il paroît plongé, & posant son livre sur une table.*

Tenez, voilà mon homme,
Et ce n'est pas pour rien qu'à Londre on le renomme.
(*appercevant Monrose qui rit.*)
Courage, il est ravi! demandez-lui pourquoi?

MONROSE.

Quand je veux, je suis triste.

Le BARON.

Hé bien! tant mieux pour toi.
(*Monrose sort.*)

SCENE IV.

Le DUC, Le BARON.

Le DUC.

L'AMITIÉ, cher St. Brice, entre nous deux jurée,
Par nos destins communs est encor resserrée.

Malheureux comme vous....

Le BARON.

Que dites-vous donc-là ?
Patience. Peut-être un jour cela viendra ;
Mais vous sied-il, sans droits & sans raisons aucunes,
De vouloir avec moi disputer d'infortunes ?
Oh ! la prétention est de trop dans ceci.
Depuis près de dix ans, rien ne m'a réussi.
Je ne me targue pas de maux imaginaires ;
Je peux citer des faits, & non pas des chimeres,
De bons & francs chagrins, bien conditionnés,
Et ce ne sont pas-là ceux dont vous vous plaignez.

Le DUC.

Les miens, moins apparens, n'en sont pas moins sensibles,
Et cet aveu, Baron, me les rend plus horribles.
L'ascendant de mon sort dans le vôtre est marqué.
C'est un événement qui n'a jamais manqué.
A peine ai-je fait choix d'une ame qui m'est chere,
De ce moment fatal tout lui devient contraire.
C'est un cruel présent que celui de mon cœur !
Et ma seule amitié vous a porté malheur.

Le BARON.

A qui donc en a-t-il ? la rêverie est bonne.
Je soutiens mes revers, & n'en veux à personne.
Faussement accusé, calomnié, trahi,
Ils ont armé mon cœur, & ne l'ont point aigri.

Rendu presque suspect, j'ai gardé l'assurance,
Et ce calme imposant qui sied à l'innocence.
Un chagrin domestique aux autres s'est mêlé :
J'en ai beaucoup souffert, sans en être accablé ;
Recevant en secret les plus vives atteintes,
Mon courage me sert à renfermer mes plaintes.
Mais vous, quels grands malheurs avez-vous éprouvés?

Le DUC, (*embarrassé.*)

Moi, mais je crains tous ceux qui vous sont arrivés.

Le BARON.

Soit : la crainte est permise.

Le DUC.

Ah çà, mon cher St. Brice,
Ce cœur vous est ouvert. Sachez de quel supplice,
Dans cette circonstance, il se sent déchiré.
L'aveu que je vais faire est un dépôt sacré.
La réserve me coûte ; & par fois, dans la vie,
L'amour a des secrets que l'amitié confie.

Le BARON, (*brusquement.*)

C'est un secret d'amour, n'importe, c'en est un.
J'en ai su de ceux-là, sans en trahir aucun.
Parlez.

Le DUC.

Vous connoissez quel penchant me domine,
Et combien je chéris Madame de Thémine.
Je voulois lui devoir le calme de mon cœur,

La rendre heureuse enfin, pour trouver le bonheur ;
Et, dans ce sentiment recueilli par avance,
J'embrassois au hasard l'erreur de l'espérance.
De celle que j'adore occupé tout entier,
J'aspirois au moment de pouvoir me lier.
Fixe dans ce dessein, je courus l'en instruire ;
Elle me répondit par ce charmant sourire,
Où son ame se peint dans toute sa candeur,
Et qui sembloit encore augmenter mon ardeur.
Mais, à peine à ces nœuds j'avois osé prétendre,
De mes réflexions je n'ai pu me défendre.
Notre hymen terminé, j'ai cru la voir, après,
Distraite de l'amour par l'éclat des succès,
En proie aux goûts du jour, au tourbillon perfide
Qui séduit une femme, & souvent la décide ;
Me gardant quelques soins à l'usage accordés,
Un retour d'habitude, & de froids procédés,
Malheureuse, peut-être, & revolant sans cesse
Vers cette liberté que gêne la tendresse.
Incertain de son cœur, par le mien averti,
Et redoutant pour elle un nœud mal assorti,
J'ai su, de ce moment, renfermer mon ivresse,
Soumettre mes transports à ma délicatesse :
J'ai craint de l'épouser, & je sens trop, hélas !
Quels maux je me prépare, en ne l'épousant pas.
Jamais femme, en secret, ne fut plus adorée ;
Mais, pardonnez le trouble où mon ame est livrée,

Quand mes yeux effrayés lisent dans l'avenir,
C'est l'amour qui s'alarme, & qui sait m'en punir.
Qui, moi, voir mes chagrins atteindre ce que j'aime!
Non, je dois l'en sauver, en m'immolant moi-même;
Briser, en soupirant, un lien enchanteur,
Enfin ... tromper le sort, en maîtrisant mon cœur.

Le BARON.

Ah! le sort va son train. Bien fou seroit, je pense,
Qui croiroit l'enchaîner avec la prévoyance!

Le DUC.

La mienne étoit fondée.

Le BARON.

Oui, d'accord: cependant
Les femmes n'aiment pas que l'on soit si prudent.
S'est-elle plainte?

Le DUC.

Non, & ce cruel silence....

Le BARON.

Le moyen de parler en pareille occurrence!
Vous allez en avant, & vous en restez-là!
Que diable voulez-vous qu'elle dise à cela?

Le DUC.

Son accueil est le même, elle n'est point changée...
Ah! Dieu, si je croyois que je l'eusse affligée!

Le BARON.

Parbleu, soyez-en sûr.

Le DUC.

Quel jour frappe mon cœur!
Je puis ſupporter tout, excepté ſa douleur.
Eh! comment la revoir! Je fuirai dans ma Terre:
C'en eſt fait; je m'impoſe un exil volontaire;
Je veux à mes ennuis me livrer tout entier.
Non, elle n'aura pas de peine à m'oublier.
Vous me reſterez ſeul. St. Brice, tout nous lie;
Un ſeul rapport nous manque... écoutez: d'Emilie,
Mon Pere, en expirant, m'a confié le ſoin,
Et je forme un projet dont mon ame a beſoin.
Ma ſœur, qu'en penſez-vous?...

Le BARON.

Moi! votre ſœur m'eſt chere.
Elle parle & rit peu; deux titres pour me plaire.

Le DUC.

Ainſi donc, vous croyez qu'on pourroit la former?

Le BARON.

Oui; mais, avant d'inſtruire, il faut ſe faire aimer,
C'eſt-là le grand ſecret! je n'en connois point d'autre.
Quoi qu'il en ſoit, voyons; quelle idée eſt la vôtre?

Le DUC.

J'ai cru voir, ſi mes vœux ne m'ont point abuſé,
Qu'au fond vous n'étiez point à l'hymen oppoſé.

Le BARON, (*vivement.*)

Non, vraiment: quand ſur-tout ſes chaînes moins communes

Assortissent les cœurs, & non pas les fortunes ;
Quand le tems vient encor les serrer chaque jour ;
Et rend à l'amitié ce qu'il ôte à l'amour.

Le DUC, (*à part.*)

(*à un Valet qui entre.*)

Fort bien ! Holà.. quelqu'un... que l'on cherche Emilie,
Qu'elle vienne. Ma téte est-elle assez remplie ?

(*au Baron.*)

Autre soin. J'oubliois... plaignez-moi, cher ami ;
Je sais d'hier au soir, qu'on me juge aujourd'hui.
Tout parle en ma faveur ; mon titre est clair, je pense ;
J'ai raison.

Le BARON, (*avec humeur.*)

C'est un tort.

Le DUC.

Dont je frémis d'avance ;
Hem ? vous pensez de même ?

Le BARON.

A peu près. Entre nous,
Ce qu'on m'a fait souffrir, me fait trembler pour vous.
A-t-on pour soi le fonds, on a la forme contre.
Il est mille embarras que le bon droit rencontre ;
Délibérés, Appels, Révision, Délais...

Le DUC.

Oui... d'après tout cela, je perdrai mon procès.

Le BARON.

Oh! cela va de suite. A tout il faut s'attendre.

Le DUC.

Le DUC.

Quant au Gouvernement, je n'y dois plus prétendre.
Je le sollicitois pour ce vieux Saint-Albans,
Assez neuf dans les Cours, mais blanchi dans les camps;
Qui, pauvre & courageux, dans son champêtre asyle,
N'a jamais rien brigué que le droit d'être utile.
Avec ardeur, pour lui, je l'avois desiré:
Baron, j'allois jouir, il m'étoit assuré.
C'en est fait, je sens bien qu'il faut que j'y renonce.

Le BARON.

Mais, vous avez écrit. Reste à voir la réponse.

Le DUC.

Le refus.

Le BARON.

A propos, vous donnez Bal ce soir?

Le DUC.

Je ne le voulois pas, on me l'a fait vouloir.

Le BARON.

Par quel hasard? & qui?

Le DUC.

Madame de Folange.

Le BARON.

Ah! ah!

Le DUC.

C'est bien, Baron, l'esprit le plus étrange!

Le BARON.

Pas tant qu'elle paroît. Cette femme a du bon.
Deux fois je l'ai ſurpriſe à me parler raiſon.

Le DUC.

Hé bien ! c'eſt ſa raiſon, ou ſon étourderie,
Qui fait que j'ai, ce ſoir, & Bal & Comédie.
Le Théâtre eſt tout prêt.

Le BARON.

Vraiment on y jouera ?

Le DUC.

Une Piece plaiſante : on dit qu'on y rira.

Le BARON, (*bruſquement.*)

Plaiſante ! eh mais, tant pis ; moi, je n'en rirai guere.
Un Drame un peu lugubre étoit mieux mon affaire.
Oui, ce genre eſt le bon, & ſeul m'a ſubjugué...
Moliere en vaudroit mieux, s'il n'étoit pas ſi gai.

Le DUC.

Bon ! ne voilà-t-il pas ma folle de parente ?
Et ſa viſite eſt-elle aſſez contrariante ?

SCENE V.

Madame DE FOLANGE, Le DUC, Le BARON.

Mdme. DE FOLANGE.

A CE qu'il me paroît, vous ne m'attendiez pas ;
Je devance Emilie, elle accourt ſur mes pas.

J'interromps sûrement de graves confidences ;
Mais je fais un moment treve aux extravagances.
J'ai, dans cet inſtant-ci, beſoin de m'attriſter ;
Je vous ſavois enſemble, & je viens profiter.
Ma folie, à préſent, eſt d'épouſer un ſage.

Le BARON.

Vous reſterez donc veuve ?

Mdme. DE FOLANGE.

Ah! bon Dieu ! quel préſage !

Le DUC, (*d'un air inquiet, mais avec douceur.*)

Y ſongez-vous ? Comment ! quel ſingulier projet !
D'Epermont vous convient, & ſans doute, il vous plaît.
Vous ſavez que d'ailleurs cet Hymen m'intéreſſe :
L'amour vous le preſcrit ; l'amitié vous en preſſe.
Je dirai plus, j'y compte ; on vous aime, & je crois
Que le Chevalier ſeul peut fixer votre choix.

Mdme. DE FOLANGE.

Oui, comptez là-deſſus : d'Epermont, je l'abhorre.
Voilà ce que je ſais : s'il m'aime, je l'ignore,
Ou je veux l'ignorer. Il m'eſt enfin connu.
Voyons, me direz-vous ce qu'il eſt devenu,
Depuis trois mortels jours ? Oh ! je ſuis décidée.
(*regardant le Baron avec coquetterie.*)
Le moyen, avec lui, que l'on ſuive une idée !

Le DUC.

C'est cela, justement, qui fait votre bonheur.

Mdme. DE FOLANGE.

Non. Il me faut un guide ...

Le DUC.

A vous ?

Mdme. DE FOLANGE.

A moi, Monsieur.

Le DUC.

Pourquoi feindre avec moi ?

Le BARON.

Pourquoi gêner Madame ?

Mdme. DE FOLANGE, (*baissant les yeux malignement.*)

J'ai déjà fait mon choix dans le fond de mon ame.

Le DUC.

Parlez-vous tout de bon, ou pour m'inquiéter ?
S'il est fait, n'est-ce pas, reste à le rétracter ?

Le BARON.

Point du tout. Si, changeant un jour de caractere,
Elle peut raisonner, il faut la laisser faire.

Mdme. DE FOLANGE.

Mais, sans doute : on est libre, on a du tems pour tout.
Une saison nouvelle amene un nouveau goût.

Monſieur veut qu'on ſe fixe... il eſt d'une injuſtice!

Le DUC, (*avec une impatience concentrée.*)

Auriez-vous, par haſard, des projets ſur St. Brice?

Mdme. DE FOLANGE.

Préciſément.

Le DUC, (*à part.*)

Adieu, mon eſpoir le plus doux;
C'eſt à qui maintenant le voudra pour époux.

Mdme. DE FOLANGE, (*au Baron.*)

Vous rêvez.

Le BARON.

Il faut bien.

Mdme. DE FOLANGE.

Par fois, cela m'arrive.
Il faut ſe recueillir d'une tête trop vive,
(*regardant le Duc.*)
On conçoit le danger... & ſur-tout le malheur.

SCENE VI.

EMILIE, Madame DE FOLANGE, Le DUC Le BARON.

Mdme. DE FOLANGE, (*allant à Emilie, & montrant le Duc.*)

VENEZ, j'ai ſu pour vous diſpoſer ſon humeur :
Vous avez à cauſer... je l'emmene, & vous laiſſe.
Je ſens croître, avec lui, mon goût pour la ſageſſe.
(*Elle entraîne le Baron.*)

SCENE VII.

EMILIE, Le DUC.

Le DUC.

(*à part.*) (*haut.*)

JE crains peu ſon caprice, & le Baron... Ma ſœur,
Par mes ſoins aſſidus, vous connoiſſez mon cœur.
A l'appui d'un tuteur, à l'amitié d'un frere,
J'ai joint, vous le ſavez, les ſentimens d'un pere ;
Je l'ai dû. Mais enfin, vous touchez au moment
Où je dois aſſurer votre établiſſement.
Quand c'eſt moi qui réponds de votre deſtinée,
Je voudrois qu'elle fût brillante & fortunée.

EMILIE.

Tous vos vœux ſont remplis.

Le DUC.

Juſqu'ici, je le vois,
Votre cœur eſt bien libre, & n'a fait aucun choix.

EMILIE.

Mon frere ... près de vous je vivrai trop contente :
Cet état, ſi tranquille, eſt le ſeul qui me tente.

Le DUC, (*du ton de l'intérêt.*)

Le ſeul! comment? pourquoi? je n'en crois pas un mot.
Un mariage utile eſt l'état qu'il vous faut.

EMILIE.

Par le nœud des bienfaits doucement aſſervie,
A la reconnoiſſance abandonnant ma vie,
Je le répete encor, pour des liens nouveaux,
Irois-je haſarder les douceurs du repos,
Ce calme indépendant, & cette paix ſecrette
Que le cœur cherche à perdre, & que le cœur regrette?
D'ailleurs, vous le ſavez, tout me rit dans ces lieux.
D'accord, pour m'y fixer, tout y flatte mes yeux:
Des tableaux variés enchantent mon aſyle;
J'y vois ſe ſuccéder & la Cour & la Ville;
Et, quand de vos vertus vous recueillez le fruit,
Mon ame eſt enivrée, ou mon orgueil jouit.
Avec un tel deſtin, puis-je en vouloir un autre?

Mon bonheur eſt encore augmenté par le vôtre.

Le DUC.

Allons, nous y voilà ! je m'y ſuis attendu.
Et vous n'exagérez ce bonheur prétendu,
Que pour mieux éloigner ce que je voulois faire ;
Pour ſaiſir un prétexte au ſentiment contraire.
Vous craignez qu'on n'attente à votre liberté,
Et ce ſéjour devient un ſéjour enchanté.

EMILIE.

Combien vous m'affligez avec un tel langage !

Le DUC.

Le vôtre, croyez-moi, m'afflige davantage.

EMILIE.

Eh ! par quelle raiſon ? du moins, expliquez-vous
Sur celui que vos ſoins m'ont choiſi pour époux.

Le DUC.

M'expliquer ! à préſent ! je n'en ai nulle envie.

EMILIE.

N'imaginez donc pas que je vous contrarie.

Le DUC.

Ce ſort vous conviendroit, ou du moins, je le croi,
Et vous le redoutez, non pour lui, mais pour moi.
Je m'en mêle, il ſuffit.

EMILIE.

Ce ton me déſeſpere.

L'ai-je donc mérité ? ne vous suis-je plus chere ?
Mon amitié pour vous est capable de tout.

Le DUC.

L'amitié doit se taire ; il faut suivre son goût.
Je ne vous en veux point ; vous n'avez rien à craindre :
Quand vous me résistez, j'aurois tort de m'en plaindre.
Mon astre vous y force, & je m'étonnerois,
Si j'avois réussi dans un de mes projets.

SCENE VIII.

EMILIE, (*seule.*)

QUELS discours ! quel adieu ! n'importe, il m'intéresse !
Ses malheurs, quoique faux, sont vrais pour ma tendresse.

SCENE IX.

EMILIE, LAURETTE.

LAURETTE, (*entrant avec précipitation.*)

MADEMOISELLE !...

EMILIE.

Hé bien ?

LAURETTE.

Je l'ai sûrement vu ...

EMILIE.

Qui donc?

LAURETTE.

L'événement est assez imprévu.

EMILIE.

Eh! quel événement?

LAURETTE.

Nous ne pouvions l'attendre:
Vraiment, il est de ceux qui sont faits pour surprendre.

EMILIE, (*impatientée.*)

Savez-vous? ...

LAURETTE.

Je finis. Ce jeune homme étonnant,
Plein d'esprit, de mérite, & point impertinent,
Qui ne nous quittoit pas, qui vous suivoit sans cesse
Chez Lady, votre sœur, qui pour lui s'intéresse;
Que toujours, malgré moi, vous vouliez éviter,
Et que vous aviez l'air de si fort détester ...
Vous vous rappellez bien celui que je veux dire:
Grands yeux, air noble & doux, agréable sourire,
Son nom ... je le tenois ....

EMILIE.

Florville?

LAURETTE.

Eh! vraiment, oui.

EMILIE.

Achevez donc. Hé bien?

LAURETTE.

Hé bien, il eſt ici.

EMILIE, (*troublée.*)

Lui! comment?

LAURETTE, (*l'obſervant.*)

Après tout, je n'en ſuis pas certaine.

EMILIE.

En ce cas, vous pouviez vous épargner la peine
De venir m'étourdir d'un auſſi long récit.

LAURETTE, (*l'obſervant toujours.*)

Pourtant, j'ai cru le voir ... d'Epermont le conduit.

EMILIE.

Vous avez cru?

LAURETTE.

Sans doute, & je ſerois ſurpriſe,
A vous dire le vrai, ſi je m'étois mépriſe.
J'ai le coup d'œil très-net...

EMILIE.

Il falloit s'éclaircir,
Et.....

LAURETTE.

Je n'ai garde auſſi de vous rien garantir.

EMILIE, (*très-vivement.*)

Ayez une autre fois des nouvelles plus sûres,
Et ne m'ennuyez plus avec vos conjectures.
(*bas, & avec le plus grand trouble.*)
D'Epermont! quel motif pourroit les réunir?
Seroit-il vrai?... ſortons, de peur de nous trahir.

SCENE X.

LAURETTE, (*la ſuivant des yeux.*)

Ah! cette fuite-là n'eſt pas trop naturelle:
L'entretien de ſon frere a troublé ſa cervelle.
Allons la retrouver, & ſachons, ſans délais,
Si l'on part, ſi l'on reſte, & quels ſont les projets.

Fin du premier Acte.

ACTE II.

SCENE I.

D'EPERMONT, FLORVILLE.

D'EPERMONT.

Enfin, mon cher Couſin, vous voilà donc des nôtres?
J'en ſuis parbleu charmé. Quels motifs ſont les vôtres?
Que dis-je? des motifs! à votre âge, en a-t-on?
C'eſt le plaiſir qui mene, & non pas la raiſon.
Nous avons Bal ce ſoir, grand ſouper, Comédie;
Vous verrez ſur quel ton on paſſe ici la vie.
Je vous préſenterai. Le Duc peut vous ſervir.
Un peu d'ambition, convenez?... à ravir!
Pour moi, je n'en ai point; je ſuis toujours le même;
Inſouciant par goût, & léger par ſyſtême.
Heureux, content de tout, je n'approfondis rien.
Un revers bien cruel m'enleva tout mon bien;
Mes amis m'ont trompé, les femmes me trahiſſent,
Mes maudits créanciers quelquefois m'étourdiſſent;
Je ne me fâche pas, j'y ſuis accoutumé;
Et, comme vous voyez, les malheurs m'ont formé.

FLORVILLE.

Eh! comment faites-vous? avec votre naiſſance,

Il faut un certain faste, & vivre avec décence.

D'EPERMONT.

Oh! décence est fort bon! je vis comme je peux,
Et sans ordre, sur-tout; il est trop ennuyeux.

FLORVILLE.

Cette façon de voir a sa philosophie.

D'EPERMONT.

Croyez-vous?

FLORVILLE.

Mais, quel homme est le Duc, je vous prie?

D'EPERMONT.

Qui, lui? de la fortune, il est l'enfant gâté.
On l'estime à la Cour, les femmes l'ont fêté.
Poli, spirituel, affable, magnifique,
Il est de cent vertus un assemblage unique;
Mais, pour se tourmenter, il semble qu'il soit né:
C'est de tous les heureux le plus infortuné.

FLORVILLE.

Il est donc inquiet, soupçonneux, difficile?

D'EPERMONT.

Dans le moindre accident, son esprit en voit mille.
N'importe, il me chérit; il vous recevra bien.

FLORVILLE.

Je tremble...

D'EPERMONT.

Pourquoi donc ? c'eſt s'alarmer de rien.
Vous paroiſſez rêveur ; quelque choſe vous peſe :
Allons, dites-moi tout ; mettez-vous à votre aiſe.
Pour mon compte, Marquis, je puis être imprudent ;
Mais, je ſuis, je vous jure, un parfait confident.

FLORVILLE.

Hé bien ! il faut qu'enfin vous liſiez dans mon ame
La crainte qui l'agite, & l'eſpoir qui l'enflâme.
Je fais croire, il eſt vrai, qu'ici, dans ce moment,
Je n'ai que le projet d'avoir un Régiment...

D'EPERMONT.

Après ?...

FLORVILLE.

Ce ſeul motif n'eſt point ce qui m'amene.

D'EPERMONT.

Expliquez-vous donc mieux.. quel ſcrupule vous gêne?

FLORVILLE.

J'aime.

D'EPERMONT.

Je m'en doutois. Et peut-on ſavoir qui ?

FLORVILLE.

Un objet raviſſant.

D'EPERMONT.

Où loge-t-il ?

FLORVILLE.

Ici.

D'EPERMONT.

Seroit-ce ? . . m'y voilà. L'aventure eſt divine !
Ah ! Monſieur, vous aimez Madame de Thémine ?
C'eſt fort bien s'adreſſer : le choix eſt excellent,
Et c'eſt ce qu'on appelle un début très-brillant.
Le Duc, qui, juſqu'ici, fut malheureux ſans cauſe,
Va, du moins, grace à vous, l'être pour quelque choſe;
Car il eſt clairvoyant, je vous en avertis.
Les obſtacles encor ne ſont pas applanis :
Il faudra de l'intrigue. Encor vit-on.

FLORVILLE.

De grace.

D'EPERMONT, (*riant.*)

Nous verrons un beau train !

FLORVILLE.

Je vous cede la place.

D'EPERMONT.

Pourquoi donc ? achevez.

FLORVILLE.

Vainement je le veux . . .
C'eſt de la ſœur du Duc que je ſuis amoureux.

D'EPERMONT.

Emilie ?

FLORVILLE.

FLORVILLE.

Elle-même.

D'EPERMONT.

En voilà bien d'une autre!
Avec un tel amour, quel eſpoir eſt le vôtre?

FLORVILLE.

D'adorer, de ſouffrir, d'entretenir mes feux,
De nourrir en ſilence un amour malheureux;
D'y trouver à jamais mes plus cheres délices,
Et de jouir enfin de tous mes ſacrifices.
Je la vis chez ſa ſœur, pour la premiere fois,
Et ſon premier regard me ſoumit à ſes loix.
Un invincible attrait, une force nouvelle
Détermina mon cœur, & l'emporta vers elle.
Je treſſaillis, rougis; je tremblai tour à tour,
Et mon reſpect m'apprit combien j'avois d'amour.
Je n'oſois lui parler; je redoutois ſa vue;
Sa voix portoit le trouble à mon ame éperdue.
Voulois-je haſarder l'aveu de mon ardeur? ....
Il mouroit ſur ma bouche, & rentroit dans mon cœur.
Lorſqu'elle me quitta, dans ce moment d'alarmes,
Je crus voir que ſes yeux retenoient quelques larmes.
Un déſordre inconnu me parut l'agiter;
Mais je n'ai pas le droit de rien interpréter.
J'apprends que, chez le Duc, arbitre de ma vie,
Vous avez le bonheur d'être auprès d'Emilie.

Je pars, je viens à vous, je la verrai du moins;
Et c'est le seul bienfait que j'attends de vos soins.
Sachant ce que je crains, appuyez ce que j'ose,
Et pardonnez mon trouble, en faveur de la cause.

D'EPERMONT.

Y songez-vous? quels feux, & quel emportement!
Nous aimons à Paris beaucoup plus posément.
Oh! c'est toute autre chose... Il faudra, je vous prie,
Nous rajeunir un peu votre Chevalerie.
D'ailleurs, vous vous jettez dans un pas épineux.
L'autre goût me rioit, & j'en augurois mieux.
Mais, n'importe, il faut bien suivre un peu sa chimere,
Aimer, en attendant qu'on ait des droits pour plaire.

FLORVILLE.

Des droits!... sans cette paix où languit la valeur,
J'appellerois la gloire au secours de mon cœur.
Oui, si j'en crois les vœux dont mon ame est remplie,
La gloire est un moyen d'attendrir Emilie;
Et jusqu'à ce bonheur jaloux de parvenir,
Je la mériterois, ne pouvant l'obtenir.

D'EPERMONT.

Combien d'exploits! Monsieur voudroit, dans son ivresse,
Mettre l'Europe en feu, pour plaire à sa Maîtresse.

FLORVILLE.

Croyez-vous, cher ami, qu'elle vienne en ces lieux?

D'EPERMONT.

Oh! qu'elle y vienne, ou non, renfermez bien vos vœux,
Il le faut... on approche... oui... c'eſt elle.

FLORVILLE.

Emilie!

D'EPERMONT.

Calmez-vous... c'eſt une autre, & toute auſſi jolie;
Une tournure vive, un eſprit ſingulier.

SCENE II.

Mdme. DE FOLANGE, D'EPERMONT, FLORVILLE.

Mdme. DE FOLANGE.

(*à d'Epermont.*)

Ou donc eſt le Baron?.. Ah! c'eſt vous, Chevalier!
Trois grands jours ſans vous voir! rien n'eſt plus convenable.
Quel eſt ce Monſieur-là?... vous êtes fort aimable.
Vous échappez toujours; vous jouez, vous perdez.
Vos amis tiennent bon, & vous les excédez.

(*regardant Florville.*) (*à d'Epermont.*)

Comme il eſt ſérieux!... Vous faites bien, au reſte;
Vous fuyez la contrainte, & moi, je la déteſte.
On ſe voit, ſans ſe voir, chacun de ſon côté,

Voilà votre ſyſtême, & c'eſt là mon traité.
(*regardant Florville.* (*à d'Epermont.*)
Il ne parle donc pas ?.. Quand donc ſerez-vous ſage ?
A propos, ſavez-vous ?...

D'EPERMONT.

Quoi ?

Mdme. DE FOLANGE.

Le grand mariage
Dont le Duc nous menace ? il devient fou, d'honneur.
Semours à mon Baron fait épouſer ſa ſœur.

FLORVILLE.

Ciel ! qu'entends-je ? Emilie !

Mdme. DE FOLANGE.

Oui, vraiment, elle-même.

D'EPERMONT.

Quoi ! ce divin St. Brice ! Eh mais, eſt-ce qu'il aime ?

FLORVILLE, (*à d'Epermont.*)

Il eſt peut-être aimé ... je ſors.

D'EPERMONT.

Tenez-vous-là ;
Que diable ! il faut vous faire à ces accidens-là.

Mdme. DE FOLANGE.

Accident eſt le mot. Ce n'eſt pas qu'on ne puiſſe,
Pour beaucoup de raiſons, faire choix de St. Brice.

FLORVILLE, (*à d'Epermont.*)

Elle va le louer, je me ſauve.

D'EPERMONT.

Arrêtez.

Mdme. DE FOLANGE.

Sa figure eſt très-bien.

FLORVILLE, (*avec le ton du dépit.*)

Il a des qualités.

Mdme. DE FOLANGE.

Oui. Je fais grand cas, moi, des gens atrabilaires.
Ce ſont, en général, d'excellens caractères,
Tendres, eſſentiels, de leur honneur jaloux.
Examinez les ſots, ils ſont gais preſque tous.

SCENE III.

La MARQUISE, D'EPERMONT, FLORVILLE, Mdme. DE FOLANGE.

D'EPERMONT, (*à Florville.*)

BON! la Marquiſe vient: l'occaſion me tente;
Il faut que je lui parle, & que je vous préſente.

La MARQUISE, (*à d'Epermont.*)

On vous retrouve enfin.

D'EPERMONT.

Madame, permettez,
Qu'ici, pour mon parent, j'implore vos bontés.

La MARQUISE.

Il peut en être sûr... mais, pardon, je vous prie:
Tenez, je descendois pour attendre Emilie,
Qui m'a fait demander un moment d'entretien...

FLORVILLE, (*à d'Epermont.*)

Emilie! eh pourquoi? quel projet est le sien?

D'EPERMONT, (*à la Marquise.*)

En ce cas, il faut donc...

Mdme. DE FOLANGE.

Vous sauver & vous taire;
Oui, c'est un entretien où l'on veut du mystere.
Je rejoins le Baron; sans doute, il m'attendra,
Et nous raisonnerons autant qu'il lui plaira.

D'EPERMONT, (*donnant la main à Madame de Folange.*)

C'est une chose à voir.

La MARQUISE, (*à part.*)

Que me veut Emilie?

(*Madame de Folange, d'Epermont & Florville, sortent ensemble.*)

SCENE IV.

EMILIE, La MARQUISE.

EMILIE, (*courant vers la Marquise.*)

JE viens vous consulter sur le sort de ma vie.
Vous savez l'ascendant que mon frere a sur moi:
Ses desirs sont les miens, je l'aime, je le doi.
Il veut, je n'oserois l'accuser d'injustice,
Il veut me marier au Baron de St. Brice.
Il vient de s'expliquer, & m'a vu résister:
Je n'ai pu me résoudre à l'horreur d'accepter.
J'ai tremblé, j'ai frémi d'un nœud trop redoutable.
Ah! le devoir, sur-tout, a besoin d'être aimable.
Devois-je à ce Baron m'immoler aujourd'hui,
Et mentir à mon cœur, en jurant d'être à lui?

La MARQUISE.

Je ne peux qu'approuver.....

EMILIE.

Cependant si mon frere,
Souffrant de mon refus, s'attache à sa chimere,
Madame, je n'ai point assez de fermeté,
Pour que mon cœur dispute avec sa volonté.

La MARQUISE.

Oh! le soin du bonheur veut bien plus de courage:

On hésite, on est foible, & la foiblesse engage.

EMILIE.

Mais je crains sa douleur.

La MARQUISE, (*en rêvant.*)

Hé bien, sans la causer....
(*avec vivacité.*)
St. Brice rougiroit de vous tyranniser ;
J'en suis sûre... écoutez.. Croyez-vous qu'il vous aime?

EMILIE, (*vivement.*)

Point du tout.

La MARQUISE.

Le délai peut venir de lui-même.
Madame de Folange a l'air de l'occuper.
Allons, consolez-vous, vous pourrez échapper.

EMILIE.

Je respire avec vous.

La MARQUISE.

Mais, mon aimable amie,
Il faut me dire tout.

EMILIE.

Hé! quoi donc?

La MARQUISE.

Je parie
Que peut-être l'hymen vous paroîtroit plus doux,
Si l'on vous permettoit de choisir un époux.
Ne craignez rien... parlez.

EMILIE.

Je voudrois... je balance...

Ah! Madame, combien j'ai besoin d'indulgence!

La MARQUISE.

Vous? allons, j'en aurai. Je connois trop d'ailleurs,
Votre esprit raisonnable, & votre ame, & vos mœurs;
Je connois trop le cœur à qui je m'intéresse,
Pour soupçonner jamais votre délicatesse.

EMILIE.

Vous m'accablez.

La MARQUISE.

Comment?

EMILIE.

Je rougis.

La MARQUISE.

Eh! de quoi?

EMILIE.

Hélas! de tout le bien que vous dites de moi.

La MARQUISE.

Je suppose qu'enfin, dans le fond de votre ame,
Vous préfériez quelqu'un... ce quelqu'un là...

EMILIE.

Madame...

La MARQUISE.

Seroit digne à tel point de s'être fait aimer;

Que l'on pourroit vous plaindre, & non pas vous blâmer.

EMILIE.

Vous ne vous trompez pas.

La MARQUISE.

Il est donc estimable?
On est dupe souvent d'un dehors agréable,
Et bientôt...

EMILIE.

Il a tout, qualités, agrément,
Chacun de ses regards peignoit un sentiment.

La MARQUISE.

J'entends, & c'est ainsi que l'on juge à votre âge.

EMILIE.

Madame, il vous plairoit; il est modeste & sage.
Il ne s'est expliqué que par son embarras,
Et j'entendois souvent ce qu'il ne disoit pas.

La MARQUISE.

Oh! d'après tout cela je le crois fait pour plaire;
Mais, au Duc de Semours voilà ce qu'il faut taire.
Dans ce moment, d'ailleurs, je ne peux rien sur lui.
Quelquefois il m'écoute; il m'évite aujourd'hui.

EMILIE.

Comment?

La MARQUISE.

Ces jours derniers, le cœur rempli d'ivresse,
Il vint m'offrir son nom, sa main & sa tendresse.

J'accepte ; il eſt heureux, ou du moins le paroît ;
Cent fois il me répete un ſerment indiſcret,
Et depuis, pas un mot.

EMILIE.

Ce ſilence m'étonne.

La MARQUISE.

L'orgueil ſe vengeroit : quand on aime, on pardonne.
Pourquoi m'a-t-il réduite à contraindre mes vœux ?
On renferme à regret un penchant vertueux.
Je vous dirai bien plus : à ſon ſort enchaînée,
Je ſaurois, malgré lui, vaincre ſa deſtinée,
Ecarter les ſoucis qui naîtroient ſur ſes pas,
Captiver ſon eſprit par des ſoins délicats ;
D'une attentive main ſoigner un cœur malade ;
Fixer auprès de lui l'amour qui perſuade,
Qui conſole, qui plaît, qui ſait tout embellir,
Fait oublier la peine, ou la change en plaiſir.
Mais que faire ? il me fuit, par crainte, ou par caprice ;
(Je n'oſerois non plus l'accuſer d'injuſtice :)
Peut-être ſon erreur, trop prompte à s'alarmer,
Me croit trop jeune encor pour ſavoir bien aimer...
Pour tenir à mon choix. Laſſe d'un tel ſilence,
Je ne ſais qui me tient qu'en mon impatience,
Je n'aille, quitte alors à ſigner ſon pardon,
D'un crime envers l'amour lui demander raiſon.
Non, il ne conçoit pas combien il m'intéreſſe ;

Il ne sent point assez jusqu'où va ma tendresse.
Je voudrois ramener le calme dans son cœur,
L'arracher au prestige, & le rendre au bonheur.

EMILIE.

Que vous m'attendrissez! combien votre ame est belle!
Je vous prends pour conseil, pour juge & pour modele.

SCENE V.

La MARQUISE, EMILIE,
Le DUC, (*au fond du Théâtre.*)

Le DUC.

JE n'y suis pour personne.

EMILIE.

Ah! Madame, c'est lui.
Changez-le, s'il se peut, & soyez mon appui.

(*Elle sort.*)

SCENE VI.

Le DUC, La MARQUISE.

Le DUC.

TOUJOURS dans chaque chose un côté m'est contraire.
Ah! Marquise... excusez le trouble involontaire...

La MARQUISE.

Quelle en eſt donc la cauſe ? . . . A propos, ce procès.. ;

Le DUC, (*avec humeur.*)

Hé bien, il eſt gagné.

La MARQUISE.

Grands motifs de regrets !

Le DUC.

Pourquoi non? .. Ah! trop tôt vous y joindrez les vôtres;
Le gain de ce procès en produira mille autres.
Calme ſi deſiré, ne puis-je t'obtenir ?
Je vais plaider, plaider; c'eſt à ne plus finir.

La MARQUISE.

Mon cher Semours !...

Le DUC.

Hé bien ?

La MARQUISE.

Vous voyez mal.

Le DUC.

Peut-être . ;
En tout les ſots propos que cela fera naître...
» Il doit à ſon crédit un pareil jugement,
» Et la Cour, dans ſa cauſe, agiſſoit ſourdement «.
Je ſuis bien avancé.

La MARQUISE.

Quel fantaſque délire !

Le droit étoit pour vous, & l'on n'a rien à dire.
Pourquoi vers l'avenir ces élans inquiets ?
Sans prévoir le malheur, profitez du ſuccès.
La fortune vous rit, l'équité vous couronne,
Et vous empoiſonnez ce que leur main vous donne !
Une ombre vous déſole, un faux jour vous conduit :
Approchez du fantôme, il eſt déjà détruit.

Le DUC.

Il s'attache à mes pas.

La MARQUISE.

Vous l'y fixez vous-même.
On combat foiblement un ennemi qu'on aime....
Non, je ne puis ſouffrir ces diſcours inſenſés.
Vous révoltez mon cœur, & vous l'attendriſſez.
A vous tranquilliſer en ces lieux tout conſpire;
On fait tout pour cela; vous ſavez tout détruire.
D'Epermont vous inſtruit par ſon vif enjoûment,
St. Brice, par humeur, & moi, par ſentiment.
Quoi! ſoi-même toujours s'entourer de nuages!
Sous un Ciel calme & pur, ne voir que des orages!
Et pour vous, en eſt-il ? eſt-il quelque danger,
Que le zele, avec vous, ne voulût partager ?
L'imagination, brillante enchantereſſe,
N'a-t-elle donc, pour vous, que voiles & triſteſſe?
Ne rêvez plus; voyez, ſaiſiſſez le bonheur;
Empêchez votre eſprit de tromper votre cœur:

Puisez dans vos vertus des voluptés nouvelles,
Rendez la confiance à des amis fideles.
Que sais-je ? en ce moment, quelques soins généreux
Vous accusent, peut-être, & déposent pour eux.
Ah ! laissez, près de vous, avec ces doux présages,
Revoler les plaisirs qu'écartoient vos ombrages ;
Ce charme vrai, durable, exempt d'illusion,
Qui naît du sentiment, & plaît à la raison.

Le DUC.

Que la vôtre est touchante ! A votre voix, Madame ;
La persuasion à passé dans mon ame,
Et même, en ce moment, dans ce cœur agité,
Je sens couler la joie & la sécurité.
Oui, près de vous j'espere, & je respire encore ;
Avide du bonheur, j'en apperçois l'aurore.
Etranger à l'éclat d'un frivole enjoûment,
Mon cœur voudroit, hélas ! céder au sentiment.
Je voudrois être heureux ; mais convenez vous-même ;
Que souvent de mon sort la rigueur est extrême.

La MARQUISE.

En convenir ? qui, moi ? Vous avez tout... les biens. :

Le DUC.)

On est si gai sans eux !

La MARQUISE.

Les honneurs !...

Le DUC.

Beaux moyens

De vivre fortuné ! C'eſt une pompe vaine,
Qui de loin vous ſéduit, & de près vous enchaîne.
Tout ce faſte, entre nous, expoſe à trop d'ennuis :
Il faut meſurer l'homme, & non pas ſes appuis.
Regardez d'Epermont : ſans titres, ſans richeſſe,
Il jouit du tréſor que pourſuit mon ivreſſe ;
Il eſt débarraſſé de ces fers éclatans,
Qui nous rendent plus fiers, & non pas plus contens.
Il brave, en ſe jouant, la fortune ennemie :
C'eſt lui qu'on croit à plaindre, & c'eſt lui que j'envie.

La MARQUISE.

Vous me déſeſpérez... Vous plairez-vous toujours
A nourrir un penchant qui corrompra vos jours ?
La fortune & le rang, des titres faits pour plaire,
Quand l'ame eſt élevée, en étendent la ſphere.
Il eſt tant de mortels qu'opprime le deſtin !
Riche, on eſt généreux, & grand, on eſt humain.
Ce charme n'eſt détruit que dans un cœur ſtérile.
Manque-t-on de bonheur, quand on peut être utile ?
Droit ſublime & divin, plaiſir illimité,
Qu'on trouve encor plus vif, après l'avoir goûté !

Le DUC.

Madame, c'en eſt fait. D'aujourd'hui je m'engage
A vous croire, à me vaincre, à bannir tout ombrage...
Avez-vous vu ma ſœur ? ne remarquez-vous pas,
Qu'elle montre, avec moi, beaucoup plus d'embarras ?
M'aimeroit-elle moins ?

Le MARQUIS.

Le MARQUIS.

Autre écart! Emilie,
Je puis le garantir, vous donneroit sa vie.

Le DUC.

Me voilà rassuré.

La MARQUISE.

D'Epermont, en courant,
M'a tantôt présenté le Marquis son Parent.
Il m'a paru très-bien : on le dit estimable.

Le DUC.

D'après votre récit, je le crois très-aimable.
Est-il jeune ?

La MARQUISE.

Vingt ans, à peu près.

Le DUC.

Oh! vingt ans ;
Les hommes de cet âge ont beaucoup d'agrémens.

La MARQUISE.

Et c'est tout ce qu'ici vous avez à me dire ?

Le DUC.

Marquise....

La MARQUISE.

Hé bien ?

Le DUC.

Je crains ... le remords me déchire.

Vous le nieriez en vain ; je sens trop qu'en ce jour,
Pour moi, dans votre cœur, il n'est plus de retour.

La MARQUISE, (*avec une sorte d'embarras.*)

Et l'hymen... du Baron, à quand ?

Le DUC.

J'ai sa parole.
Il est juste qu'au moins un ami me console.
Ma sœur a refusé dans le premier moment;
Car, on n'a jamais su m'épargner un tourment.
Elle est trop jeune encor, pour bien juger St. Brice,
Et je sais que son âge est celui du caprice ;
Mais j'aurai des raisons pour la déterminer ;
Et, pour finir ce soir, je vais tout ordonner.

Il regarde la Marquise avec trouble, a l'air de vouloir lui parler, se retient, la salue, & sort.

SCENE VII.

La MARQUISE (*seule.*)

Bon !.. n'importe ; achevons.. ses torts qu'il multiplie,
Me serviront eux-même à guérir sa folie.
Mon frere à mes efforts joindra son amitié ;
Pour le Gouvernement il n'a rien oublié.
J'y comptois ; du Ministre il a la confiance :
Saint Albans a des droits, & j'ai quelque espérance.

A l'insçu de Semours, j'ai conduit tout cela.
D'après l'ardeur si vraie, & le desir qu'il a,
Quels seront ses transports, si je peux le surprendre !
C'est du moins un bonheur que je lui veux apprendre.
Mon zele pour lui-même agit en ce moment :
Quand je sers son ami, je le sers doublement.

Fin du second Acte.

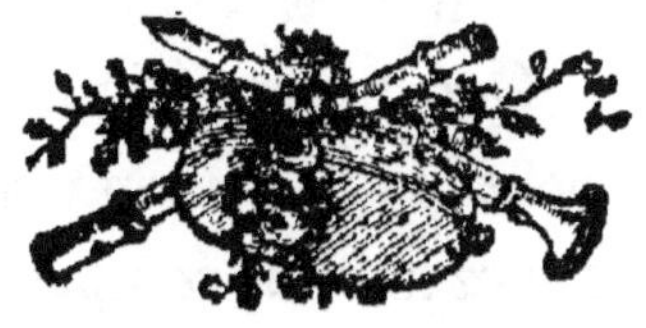

ACTE III.

SCENE I.

Le DUC, Le BARON.

Le BARON.

La fortune une fois ne s'est pas démentie.
Ce n'est plus qu'en tremblant qu'on fait votre partie.

Le DUC.

Oui, ce pauvre Milord qui s'en va ruiné!
Les as, à tous les coups; j'en étois consterné.
Félicitez-moi bien!

Le BARON.

Quoi! vous plaignez cet homme,
Lui que, pour sa richesse, à Paris on renomme!
Oh! parbleu, vous avez le cœur compatissant.
Moi, de ces pauvres-là, j'en ruinerois cent,
Que je n'en aurois pas le plus léger scrupule.
L'or s'entasse chez eux; il est bon qu'il circule.
N'ayez point de malheurs plus grands que celui-là.
Je ne vous plaindrai point.

Le DUC.

C'en est trop sur cela.
Reprenons, cher Baron, notre importante affaire;
Ma sœur consentira....

Le BARON.

Vraiment ?

Le DUC,

Mais, je l'espere.

Le BARON.

Et moi, non.

Le DUC.

A présent, n'allez-vous point douter ?
Sur l'espoir qui me plaît, laissez-moi m'arrêter.

Le BARON, (*au Duc qui se promene avec action.*)

Hé bien ! qu'avez-vous donc ?

Le DUC.

Je ne suis pas tranquille.
Un noir pressentiment . . que dis-je, un ? J'en ai mille.

Le BARON.

D'Epermont vous a-t-il présenté son Marquis ?

Le DUC.

Eh, oui. J'ai bien besoin de tous ces étourdis,
Se targuant de leur âge, ivres de leur figure,
Dans leurs courses toujours cherchant quelque aventure ;
Des femmes accueillis, adroits à les flatter,
Et même, quelquefois, s'en faisant écouter.

Le BARON.

Quelquefois ; très-souvent.

Le DUC.

Je le sais à merveille.

Le BARON.

Oui, tant mieux.

Le DUC.

A propos, d'Epermont le conseille.
Dans la tête, à coup sûr, ils ont plus que le Bal.
Ce Florville est rêveur... ceci tournera mal;
Très-mal, vous le verrez, & mon cœur me l'annonce.
J'ai des avis secrets, sur lesquels il prononce.
La Marquise, d'ailleurs, lui parle à tout moment;
Madame fait des vœux pour son avancement,
Et, lorsque tout, peut-être, a dû m'éloigner d'elle,
Mon malheur me condamne à lui rester fidele.

Le BARON.

Elle est intéressante, & fort douce.

Le DUC.

Oh! vraiment,
Je ne le sais que trop, & c'est-là mon tourment.
Quand, avec mille vœux, elle obtient jusqu'aux vôtres,
Je souffre au fond du cœur de ce qui plaît aux autres.

Le BARON.

Je la crois très-sensible...

Le DUC.

Oui, Monsieur, j'y souscris.
A ce piege fatal je me suis trouvé pris.

Le BARON.

Pour son esprit...

Le DUC, (*l'interrompant.*)

Je sais tout ce qu'on en peut dire.
Mais, qu'importe un esprit qui se borne à séduire?
Ah! plus il est brillant, plus il distrait son cœur:
L'amour-propre est crédule, & l'amour est flatteur.
Elle enchante, on la cite, & tant d'attraits, je pense,
Ne servent pas toujours à prouver la constance.

Le BARON.

Toujours: c'est un peu fort; mais il faut vous calmer;
Votre tête est aussi trop prompte à s'allumer.
Les femmes, & cela n'est point fait pour surprendre,
Ont quelquefois des torts, soit, on doit les attendre.
Il en vient à la fin: quand ils sont venus, bon!
On s'en fâche, & la plainte est alors de saison.
Voyez, examinez.

Le DUC.

La passion devine.
Baron, elle apperçoit, & jamais n'examine.

(*Après un silence, & quelques mouvemens qui peignent l'agitation.*)

Trop heureux les mortels qui, sans rien pressentir,
Se font un cercle étroit pour n'en jamais sortir;
Que ne dévore point le feu de la pensée,
Toujours désespérante, & toujours exercée!
De son foyer brûlant, que d'ennuis sont éclos!

Elle atteint l'avenir, pour y chercher des maux;
Hâte le cours du tems soumis à ses caprices,
Vient troubler du présent les trompeuses délices,
Et, nous reproduisant un regret effacé,
Nous environne encor des horreurs du passé.
Adieu : je m'abandonne à ma mélancolie;
Je vous laisse, & je vais amener Emilie.

SCENE II.

Le BARON, (*seul.*)

POUR n'en rien obtenir... je l'aime, j'en convien;
Mais, son bonheur d'abord; quitte à pourvoir au mien.

SCENE III.

D'EPERMONT, Le BARON.

D'EPERMONT, (*à part.*)

BON! je cherchois Semours, & ne vois que St. Brice.
N'importe; il faut au moins que je me réjouisse.
(*Haut, au Baron qui a l'air de mauvaise humeur.*)
Aujourd'hui, cher Baron, vous m'avez l'air serein,
(*Arrêtant le Baron qui veut sortir.*)
Presque riant. Non, non; vous me fuyez en vain;

La rencontre est heureuse, il faut que j'en profite,
Dussions-nous raisonner...

Le BARON.

Oh! je vous en tiens quitte.
Allons, que voulez-vous? finissez promptement.
Qu'est-ce?

D'EPERMONT.

Moi, je ne veux m'arrêter qu'un moment.
Eh! sans autre motif, sur l'hymen qu'on médite,
N'est-il pas juste, au moins, que je vous félicite?

Le BARON.

Mais, oui, Semours prétend que j'épouse sa sœur.

D'EPERMONT.

Sur cela, par exemple, on conçoit votre humeur...
Vous ne dites pas tout.

Le BARON.

Quoi donc?.. il est étrange!

D'EPERMONT.

Eh! non, vous n'aimez pas Madame de Folange!
Ah fripon! votre cœur s'est donc déterminé;
Malgré votre prudence, on vous a deviné,
A des yeux pénétrans, tout ici vous décele:
Propos, coups d'œil furtifs, certain air d'infidele.

Le BARON.

» Propos, coups d'œil furtifs! » Quel diable de jargon!

Et que prétendez-vous avec un pareil ton ?
Vous croyez deviner, & c'eſt vous qu'on devine.
Fait-on quelques progrès ? Madame de Thémine...

D'EPERMONT.

Hein ?

Le BARON.

De votre parent, on a, ſans être fin,
Dès le premier abord, découvert le deſſein.
Je n'imagine pas, puiſqu'enfin je me lie,
Qu'il veuille en concurrence épouſer Emilie.
La Marquiſe eſt donc celle à qui vont tous ſes vœux,
Et vous les protegez !... Le Duc eſt furieux,
Je vous en avertis ; & bien plus, il doit l'être.

D'EPERMONT. (*ſe rapprochant de St. Brice.*)

Dans l'eſprit de Semours des ſoupçons ont pu naître
Sur Florville ?

Le BARON.

Oui, ſans doute.

D'EPERMONT.

Il eſt vraiment jaloux ?

Le BARON.

Oui.

D'EPERMONT, (*à part.*)

C'eſt un incident qui peut tourner pour nous.

Le BARON, (*très-vivement.*)

Vous éludez en vain ; treve à ces complaiſances,

Qui de Florville ici flattent les espérances.
Je suis, vous le savez, peu plaisant, Dieu merci !
Eloignez-le... il le faut... le Duc est votre ami.

SCENE IV.

D'EPERMONT, (*seul.*)

L'ÉLOIGNER ! point du tout. L'installer, au contraire.
J'ai, dans cet instant-ci, bien des complots à faire.
Oh ! Semours prend le change ; admirable incident !
Je puis, sans le trahir, seconder mon parent.
Voyons : servir Florville, affranchir Emilie,
Devoir l'appui du Duc, même à sa jalousie...
Forte combinaison ! très-beau plan que cela !
Tant de calculs jamais ne se sont trouvés là.
Quant au très-cher Marquis, il faut bien qu'il me venge,
(*En riant.*)
Il désole à présent Madame de Folange.
A l'heure que je parle, il l'obstine en mon nom,
Et doit la conjurer de s'unir au Baron.
Puisqu'on m'ose attaquer, je veux, dans cette affaire,
Voir à qui resteront les honneurs de la guerre.

SCENE V.

FLORVILLE, D'EPERMONT.

FLORVILLE, (*d'un air inquiet & agité.*)

Je ne ſais ou j'en ſuis, & vous m'avez perdu.
Semours, vous le ſavez, m'a froidement reçu;
Mais', il n'eſt pas le ſeul. Que m'avez-vous fait faire?
Madame de Folange eſt dans une colere.

D'EPERMONT.

Elle m'avoit piqué, je lui devois cela.

FLORVILLE.

Pourquoi me faire à moi payer ces dettes-là?
Vous m'avez mal conduit.

D'EPERMONT.

Très-bien, je vous aſſure:
Il faut quelques revers pour orner l'aventure.

FLORVILLE.

A propos, la Marquiſe, & d'un air froid auſſi,
M'a prié de l'attendre, & va ſe rendre ici.
(*à part.*)
Quel ſeroit ſon deſſein?

D'EPERMONT.

On vient...

FLORVILLE.

Ah! Dieu! c'eſt-elle.

D'EPERMONT.

De la diſcrétion... Je me charge du zele.

FLORVILLE.

La confiance éteinte, on la réclame en vain.
Je tremble...

D'EPERMONT.

Moi, j'agis... Le triomphe eſt certain.

(La Marquiſe entre. D'Epermont dit quelques mots à l'oreille de Florville, pendant l'à parte de la Marquiſe.

SCENE VI.

La MARQUISE, FLORVILLE, D'EPERMONT.

La MARQUISE, *(à part.)*

VANT de croire au bien qu'on m'écrit de Forville,
Riſquons, pour Emilie, un entretien utile.
Eprouvons ſon Amant, & liſons dans ſon cœur.

(D'Epermont ſort.)

SCENE VII.

La MARQUISE, FLORVILLE.

La MARQUISE, (*haut.*)

Vous rendra-t-on justice ? obtiendrez-vous, Monsieur,
Ce qui, dans ce moment, à la Cour vous appelle ?
Puis-je vous y servir ? disposez de mon zele.

FLORVILLE.

Aux soins de la fortune, aux dons de la faveur,
Que je suis loin, ô ciel ! d'attacher mon bonheur.
Un autre vœu....

La MARQUISE.

Parlez....

FLORVILLE.

Vous l'exigez... Madame,
L'adorable Emilie à des droits sur votre ame ;
La sienne vous fait voir jusqu'à ses moindres vœux :
Le rapport des vertus a dû former ces nœuds.
Consent-elle à l'hymen que desire son frere ?
N'est-ce qu'un dévouement ? est-ce un choix volontaire ?
Je m'égare... pardon... Je ressens, dans ce jour,
L'ivresse, les frayeurs, les transports de l'amour.

La MARQUISE.

Ces transports là souvent n'ont rien de fort solide.

L'amour-propre s'allume, & c'eſt lui qui décide.
C'eſt lui qui, pour tromper, ſe pare adroitement
Du langage flatteur d'un véritable Amant.

FLORVILLE, (*du ton le plus vif & le plus paſſionné.*)

Qu'entens-je? & c'eſt ainſi que je vous intéreſſe!
L'honneur eſt mon garant, croyez à ma tendreſſe.
Croyez que mon amour n'eſt point un feu léger:
Il ne peut s'affoiblir, ni feindre, ni changer.
C'eſt le vœu, c'eſt l'attrait d'une ame ſimple & pure,
Etrangere au détour & ſur-tout au parjure.
Un premier choix emporte; il n'eſt point concerté,
Et mon âge ne plaît que par ſa vérité.
Madame, ſongez donc aux charmes d'Emilie,
Qui frappent tous les yeux, & qu'elle ſeule oublie.
Ah! qui peut l'adorer, n'eſt point un impoſteur.
C'eſt le ſeul ſentiment qu'ait éprouvé mon cœur.
Il réſiſte aux revers, il croît dans les alarmes;
Tout agité qu'il eſt, il a pour moi des charmes;
Et cet aveu naïf qu'arrache le moment,
Dicté par la franchiſe, eſt plus fort qu'un ſerment.

La MARQUISE.

J'y crois; mais, à Semours, dérobez votre flamme,
Ce jour, trop promptement, viendroit frapper ſon ame.
Elle eſt noble, mais vive: il faut que la raiſon
L'éloigne par degrés de l'hymen du Baron.

Si vers vous on pouvoit tourner sa bienveillance,
Ce changement seroit le fruit de la prudence.
On doit mettre, Monsieur, tant de ménagement,
Quand il s'agit d'un cœur qui s'affecte aisément!
D'ailleurs, réfléchissez, & soyez votre arbitre :
Peu connu dans ces lieux, vous n'avez aucun titre.
Entraîné par l'essor d'un cœur trop enflammé,
Qu'oseriez-vous de plus, si vous étiez aimé?

FLORVILLE, (*du ton le plus timide.*)

Eh! puis-je m'en flatter? je n'ai pas osé même
Confier mes ennuis à la beauté que j'aime.
Plein d'un sentiment vrai, le respect l'a voilé:
C'est par mes soupirs seuls que mon cœur à parlé.

La MARQUISE, (*vivement & avec joie.*)

Tant de délicatesse emporte la balance,
Et ce que l'on m'écrit en est la récompense.
De la sœur d'Emilie, une lettre à l'instant,
Me fait, de vous, Marquis, un éloge éclatant;
Parle de votre amour & du prix qu'il mérite,
Garantit vos discours, vante votre conduite;
Me dit que vos parens se trouveroient heureux,
Que le choix de Semours pût répondre à leurs vœux.

FLORVILLE, (*hors de lui.*)

A peine je respire, & ma vive allégresse....
J'attendois, je craignois... Elle tient sa promesse....
Je ne me connois plus... quel moment! quel bienfait...

SCENE

SCENE VIII.

La MARQUISE, FLORVILLE, Le DUC, EMILIE, (*qui restent tous deux au fond du Théâtre.*

FLORVILLE (*continue.*)

Laissez-moi parcourir ce fortuné billet,
Y répoſer mes yeux ſur le nom que j'adore,
Le dévorer, le lire, & le relire encore.

EMILIE, (*à part, au fonds du Théâtre.*)

Le traître !

Le DUC, (*à part, au fond du Théâtre.*)

La parjure !

La MARQUISE, (*appercevant le Duc.*)

Ah ! c'eſt le Duc. Sortez.

FLORVILLE.

J'obéis... mon amour rend grace à vos bontés.

(*Il ſort en ſaluant le Duc & Emilie.*)

SCENE IX.

EMILIE, La MARQUISE, Le DUC.

Le DUC, (*se rapprochant.*)

On ne se plaindra pas qu'on y met du mystere,
(*à la Marquise.*)
Et sa reconnoissance a le ton qui doit plaire.
Pour surcroît de bonheur, vous avez pris le soin,
A ce qu'il me paroît, de m'en rendre témoin.

La MARQUISE.

Que dites vous ? comment ? je ne puis vous comprendre.

Le DUC.

Florville a, mieux que moi, l'art de se faire entendre.

La MARQUISE.

Des reproches pareils sont bien nouveaux pour moi;
Sachez que le silence est ce que je leur doi.
Semours, rien de ma part ne doit vous faire ombrage.

Le DUC, (*avec dépit.*)

En effet, rien ne doit rassurer davantage.

La MARQUISE.

Me soupçonnant d'un tort, vous l'avez tout entier;
Je ne descendrai point à me justifier.

(*Elle sort.*)

SCENE X.

EMILIE, Le DUC.

EMILIE, (*à part.*)

DIEU! combien j'ai souffert! quelle contrainte affreuse!

Le DUC.

Ma sœur.. vous n'aimez rien.. que vous êtes heureuse!

EMILIE, (*à demi-voix.*)

Heureuse!

Le DUC.

Puissiez-vous toujours le conserver,
Ce calme précieux que je ne puis trouver!
Je flottois dans le doute & dans l'inquiétude...
Mon malheur est complet, j'en ai la certitude.

EMILIE.

Eh, quoi! vous croyez donc?...

Le DUC.

Eh mais, assurément!
Il faudroit s'aveugler pour penser autrement.

EMILIE.

Vous tromper à ce point!

Le DUC.

Le sort m'est si contraire!

(*à Emilie.*)

Qu'a-t-il donc ce rival qui doive tant lui plaire ?

EMILIE, (*à part.*)

Ciel ! ...

Le DUC, (*l'interrompant.*)

Vous vous étonnez, ma fœur, je le vois bien,
Que fon hommage, ici, l'emporte fur le mien ;
Car tout prouve leurs feux & leur intelligence :
Ce billet, & fa fuite, & fur-tout fon filence,
Et la Marquife encor fi prompte à nous quitter.

EMILIE.

Hélas ! il eft donc vrai ...

Le DUC, (*l'interrompant.*)

Le moyen d'en douter !
Je le fens à mon trouble, à ma douleur extrême :
Ils s'aiment ... je l'ai vu, vous l'avez vu vous-même.
Accablé, déchiré des plus fenfibles coups,
Je n'ai, dans l'Univers, que le Baron & vous.

EMILIE, (*avec vivacité.*)

Hé bien, mon frere, hé bien, je partage vos peines,
Et ce tendre intérêt ajoute encore aux miennes.
Si vous êtes trahi, mon cœur vous vengera :
C'en eft fait, & je prends l'époux qu'il vous plaira.

Le DUC.

Mais, St. Brice eft, ma fœur, le feul qui me convienne.

EMILIE, (*avec dépit.*)

Il me convient aussi... que rien ne vous retienne.
J'aspire à cet hymen.

Le DUC, (*la regardant d'un air inquiet.*)

Réfléchissez pourtant :
Votre humeur se décele, & perce en acceptant.
Je sollicite un choix, je craindrois un caprice.
Ce que vous m'accordez, n'est-il qu'un sacrifice ?

EMILIE.

Les hommes, désormais, me sont tous odieux.
Je m'immole à vous seul, & je n'attends rien d'eux.

Le DUC.

Pour former un lien qui doit être durable,
La disposition est vraiment admirable.
A merveille ! en craignant de me rien refuser,
Vous trouvez le secret de me tyranniser...
Enfin, vous consentez ?

EMILIE.

Je vous l'ai dit, mon frere.

Le DUC.

La façon de le dire est neuve & singuliere.

EMILIE, (*avec impatience.*)

Je fais ce qui vous plaît.

Le DUC.

Je craignois un refus,
Et l'aveu, maintenant, m'inquiete encor plus.

SCENE XI.

EMILIE, Mdme. DE FOLANGE, Le DUC.

Mdme. DE FOLANGE.

Je m'y perds. C'est, d'honneur, un travail que ma vie.
Il faut, à chaque instant, que je me multiplie.
N'importe, tout ira, je peux suffire à tout...
Duc, venez, s'il vous plait, applaudir à mon goût.
Point d'excuse : il le faut, je l'ai mis dans ma tête.
Je ne veux qu'un coup-d'œil, en attendant la fête.
(*En confidence, & après une pause, au Duc & à Emilie.*)
Un Théatre superbe, un Spectacle charmant!

Le DUC.

Madame, un autre soin m'occupe en ce moment.

Mdme. DE FOLANGE.

Des soins! pourquoi des soins?

Le DUC.

D'importantes affaires.

Mdme. DE FOLANGE.

La Salle est à ravir... vous verrez aux lumieres.

Le DUC.

Permettez...

Mdme. DE FOLANGE.

Pas un mot.

Le DUC.

C'est que...

Mdme. DE FOLANGE.

Discours perdus.

Le DUC, (*à part.*)

La gaité d'une folle est un malheur de plus.

Mdme. DE FOLANGE.

Du malheur, vous? allons... vision toute pure!
Vous êtes très-heureux, c'est moi qui vous l'assure.
Quand vous vous désolez, je ris de vos soupirs:
Le nuage s'envole, & fait place aux plaisirs.

Fin du troisieme Acte.

ACTE IV.

SCENE I.

Le DUC, (*seul, se promenant avec action.*)

J'AVOIS voulu la voir, mais je crains sa présence:
Contre elle je serai plus fort dans son absence.
(*Il s'assied à une table.*)
Ecrivons... cependant... il le faut & je veux....
Oui, oui, dans un billet je la confondrai mieux.

SCENE VI.

Le DUC, D'EPERMONT, (*qui entre & s'assied au fond du Théâtre.*)

Le DUC (*continue, sans appercevoir d'Epermont.*)

DES plus noires couleurs peignons lui son parjure.
(*Il pose la plume.*)
Eh! si son calme encore ajoute à mon injure?
(*Il reprend la plume.*)
Non. Tâchons d'affecter un tranquille dédain...

(*Il pose la plume.*)

Elle n'y croira pas... je l'essayerois en vain.
Touchons plutôt son cœur que j'ai connu si tendre.
Ce langage... peut-être, elle saura l'entendre.
A quoi vais-je penser ? Qui, moi ? moi, réclamer
Un infidele cœur... qui, bien loin de m'aimer....
Suis-je assez malheureux ? Dans ma juste colere,
Je ne puis trouver même un reproche à lui faire.

(*Ici d'Epermont part d'un grand éclat de rire.*)

Le DUC, *se levant & se retournant.*)

Hé bien, qu'est-ce ?

D'EPERMONT, (*en riant toujours.*)

C'est moi, qui vous plaignois vraiment:
Ma foi, le monologue étoit divertissant.

Le DUC, (*avec une impatience concentrée.*)

Venez, & dites moi, car je cherche à m'instruire,
Dites-moi donc, Monsieur, qu'avez-vous tant à rire?

D'EPERMONT.

Et vous, dites-moi donc, car j'aime à riposter,
Qu'avez-vous, homme étrange, à vous tant attrister ?

Le DUC.

Vous avez, on le sait, cent mille écus de dettes;
Vous trompez, à plaisir, quelques franches Coquettes,
Qui vous le rendent bien : vous courez sans objets;
Vous jouez tous les jours, & ne gagnez jamais :

Vous rentrez le matin, accablé de fatigue ;
Puis les fatals billets, puis, la nouvelle intrigue ;
Vous allez vers le soir lorgner à l'Opéra :
Qu'est-ce que vous trouvez de plaisant à cela ?

D'EPERMONT.

Vous avez, on le sait, cent mille écus de rente,
Une sœur qui vous aime, une maison brillante.
D'une prodigue main répandant les bienfaits,
Vous êtes adoré, même de vos valets :
Je vous crois fort chéri d'un objet estimable,
Un peu trop sérieux, & pourtant très-aimable ;
Vos amis sont heureux... rien n'a pu les changer :
Que trouvez-vous donc là qui vous doive affliger ?

Le DUC, (*vivement.*)

Ah ! je sais qu'on me plaint bien moins qu'on ne me blâme ;
Mais, que puis-je répondre à qui n'a pas mon ame ?
Je ne suis point injuste, encor moins ombrageux :
Que ne suis-je en effet environné d'heureux !
Mon cœur, trop peu connu, mal jugé par le vôtre,
D'un spectacle si doux jouiroit plus qu'un autre...
Il n'est rien, après lui, que j'osasse envier,
Et de tous mes honneurs je voudrois le payer.
Mais à m'offrir son ombre en vain on s'étudie....
Le bonheur peut-il être avec la perfidie ?
Le tableau qu'à mes yeux vous venez de montrer,
Peut éblouir, sans doute, & non pas rassurer.

Mon œil va plus avant : ce qui ſur-tout le frappe,
C'eſt que l'amitié trompe, & que l'amour échappe;
C'eſt qu'il faut ſe garder du ſentiment qui plaît,
Des vœux les plus chéris, du plus tendre intérêt;
De ces êtres cruels qu'on voit, dans leurs foibleſſes,
Mêler, en ſe jouant, le parjure aux promeſſes;
Flatter pour aſſervir, plaire pour opprimer,
Et ſéduire toujours, pour ne jamais aimer.

D'EPERMONT, (*en riant.*)

Eh bien, c'eſt tout cela que j'aime à la folie.
Bien dupe qui s'emporte, & ſur-tout qui s'ennuie.
Ces êtres ſéduiſans bravent notre courroux :
Qui peut leur échapper, les punit plus que vous.
A ce ſexe charmant épargnons les injures;
Le mal eſt ſans remede : à quoi bon les murmures ?
En vous plaignant de tout, croyez-vous rien changer ?
Jettons ſur notre monde un coup-d'œil plus léger.
Croyez-moi, pardonnons, ayons plus d'indulgence.
Sur ce globe, où domine un grain d'extravagance,
Il faut, puiſque chacun n'apparoît qu'un moment,
Que l'apparition ſe paſſe un peu gaiement.
Tel que vous me voyez, j'ai m'a philoſophie :
Quand je ſuis ſans argent, je penſe, j'apprécie.
Mes criſes de raiſon m'épouvantent ſouvent.
La vie eſt un éclair; je veux qu'il ſoit brillant.
Vous grondez; moi, je ris; pardonnez l'apoſtrophe :
Vous n'êtes que chagrin, & je ſuis Philoſophe;

Heureux effrontément...

Le DUC, (*avec impatience.*)

Moi, Monsieur, j'en convien,
Si c'est là le bonheur, je n'y prétends plus rien.

D'EPERMONT.

C'est le vrai, cependant.

Le DUC.

Il m'a mis en colere.

D'EPERMONT.

J'ai pourtant disserté mieux qu'à mon ordinaire.

Le DUC.

Oui, de vos beaux discours, tout fier de m'étourdir;
Je vous conseille encor de vous bien applaudir.
Je ne m'étonne plus qu'en ces lieux tout s'altere:
Je souffre à chaque instant de votre humeur légere.
Madame de Folange, & vous, avec ce ton,
Vous m'avez poursuivi jusque dans ma maison.
Avec moi, maintenant, on est sur le qui vive;
Enfin, vous répondrez de tout ce qui m'arrive.
La Marquise elle-même adopte ici vos mœurs.
Lasse du charme doux qui lui gagnoit les cœurs,
En éclats indiscrets elle va se répandre,
Briller, aimer sans choix.

D'EPERMONT.

Bientôt, à vous entendre,

Je ferai, moi, garant & refponfable auffi
Des infidélités qui fe feront ici.
Alte-là, s'il vous plaît : je ne fuis point auftere,
Moi... je fais ce qu'on doit à tout galant myftere.
Sur le train de ce monde affez indifférent,
Mon œil eft trop diftrait, pour être pénétrant.
J'étourdis quelquefois la tête de ces Dames ;
Mais je n'ai point le don d'aller jufqu'à leurs ames.
Et vous!.. quoi! tout de bon! feriez-vous inquiet?
On triomphe aujourd'hui ; demain un autre plaît.
Sauve qui peut. Eh mais! que devient donc Florville?
J'ai pris, pour le trouver, une peine inutile.

Le DUC.

Avez-vous le projet de l'enchaîner ici ?
Vous fentez qu'à fon âge on eft très-étourdi.

D'EPERMONT.

Vous le connoiffez mal.

Le DUC.

Je crois à fon mérite ;
J'approuve fes projets, & fur-tout fa conduite :
Son extérieur plaît, d'ailleurs ; cela prévient :
Vertus, talens à part, c'eft par-là qu'on obtient.

D'EPERMONT.

Ç'eft qu'il réunit tout.

Le DUC.

Madame de Thémine,

A ce que j'ai conçu, tant ſoit peu le domine.

D'EPERMONT, (*obſervant le Duc.*)

Il la trouve charmante.

Le DUC.

Et lui plait?

D'EPERMONT.

Entre nous....

Le DUC, (*renfermant ſon dépit.*)

Oh! vous pouvez parler; je ne ſuis point jaloux.

D'EPERMONT, (*obſervant toujours le Duc.*)

Mais il a l'ame ardente, un eſprit plein d'adreſſe;
Il s'exprime avec goût, & penſe avec fineſſe.
Vous ſavez que ſouvent il en faut beaucoup moins,
Pour faire diſtinguer ſon hommage & ſes ſoins.

Le DUC.

(*à part.*)

On les diſtingue... Eh mais!... où l'a-t-il donc connue?
(*haut.*)
Et ma ſœur, qu'en dit-il?

D'EPERMONT, (*embarraſſé.*)

Elle!... à peine il l'a vue,
(*à part.*)
Et l'a peu remarquée... Il faut ſavoir mentir,
Pour nouer une intrigue, ou bien pour en ſortir.

Le DUC.

Ce Régiment eſt donc le but de ſon voyage?

D'EPERMONT.

(*à part.*) (*haut.*)
L'y voilà.... rien ne peut l'occuper davantage.

Le DUC.

Croyez-vous, s'il l'obtient, qu'il parte promptement ?

D'EPERMONT.

Mais alors il fera ce qu'il croira décent.

Le DUC.

Il est votre parent ?

D'EPERMONT.

Oh! très-proche.

Le DUC.

Il a l'âge à ..

D'EPERMONT.

Six mois plus qu'il ne faut.

Le DUC.

Vous l'aimez ?

D'EPERMONT.

(*à part.*)
Oui..... courage!
Nous le tenons.

Le DUC.

Je veux m'intéresser pour lui,
La Cour est à Versaille, & je peux aujourd'hui...?

D'EPERMONT.

Bon.

Le DUC.

J'ai dans ce moment des dépêches à faire.
(*à part.*)
Du ſort de St. Albans rien ne peut me diſtraire.
Dans ce dernier effort puiſſé-je réuſſir !
Honorer le courage eſt un ſi grand plaiſir !
Quel devoir eſt plus doux ! quel faveur plus chere !
(*retournant vers d'Epermont.*)
Eh ! je n'ai pas non plus oublié votre affaire.
Je m'obſtine à cela : car, duſſent tous mes ſoins
Pour vous ſe refroidir, vous n'en ririez pas moins.

D'EPERMONT (*rit.*)

Le DUC, (*avec un rire forcé.*)

Juſtement ; la réponſe eſt prompte & naturelle.
Adieu, continuez & comptez ſur mon zele.

SCENE III.

D'EPERMONT (*ſeul.*)

FORT bien ! aſſurément le Duc eſt généreux,
Et mon petit parent n'eſt pas trop malheureux.
Un coup de maître encore, un moyen que je priſe,
C'eſt d'avoir au ſilence engagé la Marquiſe.
J'ai, ſans leur en parler, ſervi nos deux Amans,
Exalté leurs vertus, vanté leurs ſentimens,

Leurs

Leurs fidelles amours, leur constance héroïque....
Bref, je l'ai fait pleurer avec mon pathétique.
J'étois moi-même ému. Pour mes projets, enfin,
Le secret est au moins gardé jusqu'à demain;
Vû le terme, j'y compte, un grand serment nous lie...
Mais moi, ce qui m'en plaît, c'est l'humeur d'Emilie.
On saura la calmer... La voici justement.

SCENE IV.

EMILIE, D'EPERMONT.

EMILIE, (*de l'air le plus profond.*)

Je croyois que Semours....

D'EPERMONT.

Il me quitte à l'instant.
Comment? un accueil froid, du dédain, du silence!
Mais j'ai, moi, Dieu merci, la paix de l'innocence.
Vous êtes une ingrate, &, soit dit sans courroux,
Vous ne méritez pas ce que l'on fait pour vous.

EMILIE.

Comment?

D'EPERMONT.

Je suis discret; on a quelque conduite.
Vous ne me dites rien: j'observe & vous imite.

EMILIE.

Eh ! qu'aurois-je à vous dire ?

D'EPERMONT.

Oh ! si vous vouliez bien,
Moi, je vous sais en fonds pour semblable entretien.

EMILIE.

Que savez-vous ? voyons.

D'EPERMONT.

Ah ! vous êtes pressante.

EMILIE.

Ah ! treve, je vous prie, à votre humeur plaisante.

D'EPERMONT.

En effet : oui, je crois, en y réflechissant,
Qu'avec un ton plus tendre on est plus séduisant :
Il attaque le cœur & le rend plus docile.

(*Après un silence.*)

A propos de cela, vous avez vu Florville ?

EMILIE.

Ne me prononcez point ce nom-là désormais.

D'EPERMONT.

Pourquoi ?

EMILIE.

Je ne veux pas qu'on m'en parle jamais.

D'EPERMONT, (*observant Emilie.*)

Que lui reprochez-vous ? A la fleur de son âge,

Distingué dans son corps, fameux par son courage,
Ayant, vous le savez, des héros pour ayeux,
Il est tout aussi brave, & plus aimable qu'eux.
Vous même, m'a-t-on dit, le trouviez agréable.

EMILIE.

Son seul aspect me gêne, & m'est insupportable.

D'EPERMONT.

Oui, c'est ce que je vois. Dans vos yeux offensés,
Je lis distinctement que vous le haïssez.
Prenez garde, pourtant, ceci vaut qu'on y pense:
On n'a, le plus souvent, des torts qu'en apparence.

EMILIE.

Quoi donc?

D'EPERMONT.

J'en dirois plus; mais...

EMILIE.

Hé bien?

D'EPERMONT.

Entre nous,
Le moyen de calmer un aussi grand courroux!...

EMILIE.

Oh! vous pouvez parler.

D'EPERMONT, (*à part.*)

Bon! voilà qu'on s'appaise.

(*haut.*)

Je suis dans le secret, &, ne vous en déplaise,...
Florville... écoutez bien... Mais, voici le Baron:
(*en riant.*)
La confidence, ici, seroit hors de saison.

SCENE V.

EMILIE, D'EPERMONT, Le BARON.

(*D'Epermont salue, en sortant, le Baron qui témoigne son impatience.*)

EMILIE, (*à part.*)

CIEL! St. Brice! & mon cœur s'est engagé lui même!
Florville! il se pourroit! hélas!

Le BARON.

Semours que j'aime,
A notre attachement veut joindre un nouveau nœud,
Et, pour un tel lien, j'ai, dit-il, votre aveu.

EMILIE, (*avec le plus grand trouble.*)

Oui, Monsieur, il est vrai, ma parole m'engage;
Je sens, comme je dois, le prix de votre hommage:
Mais, dans ce moment-ci, je l'avoue, à regret,
Un trouble involontaire, un désordre secret!...
Il m'échappe.. pardon. Soumise au choix d'un frere..

Le BARON.

Ce ſeul mot me preſcrit ce qui me reſte à faire.
Semours, dans un inſtant, me rejoint dans ces lieux,
Et mon ame, avec lui, va s'ouvrir à vos yeux.

EMILIE, (*intimidée.*)

Je tremble de l'attendre. On vient...quelqu'un s'avance.
C'eſt lui : permettez-moi d'éviter ſa préſence.

SCENE VI.

Le DUC, Le BARON, EMILIE.

Le DUC, (*retenant ſa ſœur.*)
(*à St. Brice.*)

DEMEUREZ...Cher Baron, que vous diſoit ma ſœur ?

Le BARON, (*obſervant toujours Emilie.*)

J'ai pénétré ſes vœux, & j'ai lu dans ſon cœur.
Elle n'a pu cacher ſes ſecrettes alarmes ;
Et, quoique cet hymen eût pour moi quelques charmes,
Puiſqu'enfin ſa promeſſe a troublé ſes eſprits,
Je ne réclame rien ; elle n'a rien promis.

Le DUC, (*regardant le Baron & ſa ſœur.*)

C'eſt un acharnement !

Le BARON.

C'eſt un parti fort ſage.

Je vous ſauve un regret: m'en faut-il davantage?

Le DUC.)

Ainſi donc Emilie?....

Le BARON, (*au Duc & à demi-voix.*)

A la rigueur, je croi,
Que l'on peut lui trouver un autre époux que moi.

Le DUC, (*avec une impatience mêlée de ſenſibilité.*)

Eh! cruel homme, qui, qui donc? Lui donnerai-je
Un de ces jeune fous, dont l'eſſain nous aſſiege,
Promenant dans Paris des ſens, des goûts éteints,
Et l'incurable ennui dont leurs cœurs ſont atteints:
Croyant ſe faire un nom par des ſcenes publiques;
Complaiſans chez autrui, mais tyrans domeſtiques;
Séducteurs indiſcrets, & cruels tour à tour,
Trop vicieux, ſur-tout, pour connoître l'amour?

Le BARON, (*regardant Emilie.*)

Ma foi, j'en ſuis fâché; mais vouloir la contraindre,
Seroit un mal plus grand que tous ceux qu'on peut craindre.

EMILIE, (*ſe jettant dans les bras de Semours.*)

Mon frere...

Le DUC.

Eh! oui, j'entends; le Baron ſert vos vœux.
Jouiſſez de ma peine, &... laiſſez-moi tous deux.

EMILIE.

Souffrez....

Le DUC.

¡Non, laiſſez-moi....

EMILIE (*ſort en regardant le Baron avec inquiétude.*)

Le BARON, (*à Emilie.*)

Fiez vous à mon zele.

SCENE VII.

Le DUC, Le BARON.

Le BARON.

Avec vous, contre moi, j'ai dû parler pour elle.
Je contredis mon goût; je veux bien l'immoler,
Et c'eſt moi ſeul, je crois, qui reſte à conſoler.

(*il ſort.*)

SCENE VIII.

Le DUC, (*ſeul.*)

Poursuis, deſtin, pourſuis; tout, tout me perſécute.
Aux chagrins déſormais me voilà ſeul en butte!
On ne me dira point, qu'oſant exagérer,

Je suis ingénieux à me désespérer.
J'avois tout bien pesé dans cette circonstance.
Ma sœur trouvoit le rang, les vertus, la naissance:
Hé bien ?... il la refuse !... & mon cœur oppressé,
De la main d'un ami se sent encore blessé !

(*Il s'assied.*)

SCENE IX.

La MARQUISE (*au fond du Théâtre*, Le DUC.)

Le DUC (*continue sans voir la Marquise.*)

LA Marquise à présent n'en est pas moins tranquille.
Sans doute, en ce moment, elle est avec Florville.
Se peut-il ?... j'éprouvois tant de charme à l'aimer!
Craintes... amour, dépit... il faut tout renfermer.

(*Il paroît absorbé dans sa douleur.*)

La MARQUISE, (*à part.*)

Que vois-je ? quel objet pour mon ame attendrie!
Approchons... oublions jusqu'à sa jalousie.
Forçons-le à s'expliquer... je le dois, & mon cœur
Ne sent plus son offense, en voyant sa douleur.

Le DUC, (*appercevant la Marquise.*)

Ah! c'est vous!

La MARQUISE, (*embarraſſée.*)

Je venois vous parler d'Emilie.

Le DUC.

Hé bien ?

La MARQUISE.

Dans la douleur elle eſt enſevelie.
Franchement le Baron ne lui plaît point du tout.
Vous qui la chériſſez, ne forcez point ſon goût.
Un malheur bien réel, j'en appelle à vous-même,
Ce ſeroit d'affliger une ſœur qui vous aime.

Le DUC.

Qui m'aime ! oh ! je le crois ; tout me la confirmé.
Elle m'aime, il eſt vrai, comme je ſuis aimé.

La MARQUISE, (*le regardant avec tendreſſe.*)

Vous vous croyez haï ?

Le DUC.

Que ſais-je ?

La MARQUISE.

Encor ?

Le DUC.

Madame,
Là-deſſus je vous laiſſe interroger votre ame.

La MARQUISE.

J'en appelle à la vôtre, & ne redoutes rien.
Si votre cœur ſe juge, il rend juſtice au mien.

Le DUC, (*se rapprochant d'elle.*)

Je vous ſuis toujours cher ?

La MARQUISE.

Je n'oſe vous répondre ,
Et l'air que vous avez eſt fait pour me confondre.
Certains aveux , d'ailleurs, ſont pour vous ſuperflus:
J'en ferois déſormais que vous n'y croiriez plus.

Le DUC.

Moi, Marquiſe, douter, alors que tout m'éclaire! ...
Je m'abuſois... Pardon : je préſume au contraire,
Que, ſi je vous preſſois de fixer mon deſtin ,
Vous pourriez. . . .

La MARQUISE.

Conſentir à vous donner la main ?
N'ai-je pas deviné ? maintenant, j'y ſuis faite ,
Car , avec vous, toujours il faut qu'on interprête.
Hé bien, cette offre-là, faite déjà par vous ,
Ne fut pas dans le tems reçue avec courroux.
D'après elle, bien plus, je me croyois liée...
Mais malheureuſement vous l'avez oubliée.

Le DUC.

Oui , mes torts ſont affreux ; je le ſais, j'en conviens ;
Et les vôtres pourtant ont ſurpaſſé les miens.

La MARQUISE.

Ainſi donc me voilà fauſſe , ingrate & légere ?

Un jour a, ſelon vous, changé mon caractere ?
Que vous me jugez bien ! de moi trop occupé,
(*Avec l'expreſſion la plus tendre.*)
Renoncez-y, cruel, pour n'être plus trompé.

Le DUC.

Auſſi, Madame, auſſi je vais ceſſer de l'être...
Ah! ſous quels traits charmans j'avois cru vous connoître!
Où repoſer mon ame ? où trouver le bonheur ?

La MARQUISE.

Semours... il vous attend dans le fond de mon cœur.

Le DUC.

J'y voulois régner ſeul... une flamme nouvelle...

La MARQUISE, (*à part.*)

Je ſens qu'à mon ſerment je vais être infidele.
(*haut à Semours qui s'éloigne.*)
Ecoutez.....

Le DUC, (*revenant.*)

Je ne puis.

La MARQUISE.

C'eſt trop diſſimuler....
Florville...

Le DUC, (*avec le dépit le plus vif.*)

Il me manquoit d'en entendre parler.

La MARQUISE, (*d'un ton piqué.*)

Je me tais : auſſi bien tout doit me le preſcrire.

Vous écouteriez mal ce que je pourrois dire.

Le DUC.

Quels ennuis! quels regrets! que de maux je prévoi!
Mais, je m'en prends à vous, bien moins encor qu'à moi.
Il faut céder; il faut ſuivre ſa deſtinée.
Au printems de vos jours, briliante & fortunée,
Vous n'avez nuls motifs de m'aimer. En effet,
Florville a tous les droits, ſi Florville vous plaît.

La MARQUISE, (*avec une impatience mêlée de douleur.*)

C'en eſt trop, & mon cœur eſt auſſi trop facile.
Oui, Monſieur: hé bien, oui, j'idolâtre Forville.
C'eſt pour moi qu'il ſoupire, & qu'on le voit ici;
C'eſt lui ſeul qui m'occupe enfin...

Le DUC.

Oh! pour ceci,
Je le crois, & mon cœur, que vous daignez inſtruire,
N'a garde d'inſiſter, ni de vous contredire.
Par vous-même informé du feu le plus ardent,
N'en étant point l'objet, j'en deviens confident.

(*Un Valet entre, donne une lettre à la Marquiſe, & ſort.*)

Le DUC (*continue.*)

Une lettre! il faut bien ſe parler ou s'écrire.
Je vous ſuis importun; vous brûlez de la lire.
Ma préſence vous gêne. Adieu.

SCENE X.

La MARQUISE, (*seule.*)

QUEL entretien!
Je ne me connois plus : je n'espere plus rien.
Il m'outrage, & je l'aime! a-t-il pu s'y méprendre?
Qu'est-ce que l'on m'écrit, & que va-t-on m'apprendre?
(*Elle lit.*)
Dieu! » Ma sœur, l'agrément est enfin accordé;
» Mais tout ce jour encor le secret est gardé.
» La grace, dont pour vous je trahis le mystere,
» Vous ayant pour organe, en deviendra plus chere «.
Quel billet! quel moment! j'obtiens ce que je veux!
Trop aveugle Semours, tu connoîtras mes vœux.
En vain, par des discours, je voudrois le confondre,
Et c'est par cet écrit qu'il faudra lui répondre.
(*Avec la plus grande sensibilité.*)
Ce cœur qui le chérit, & dont il peut douter,
Malgré ce doute affreux, veut encor lui rester;
Le sauver de lui-même, &, s'immolant sans cesse,
Lasser son injustice, en prouvant ma tendresse.

Fin du quatrieme Acte.

ACTE V.

SCENE I.

Mdme. DE FOLANGE, D'EPERMONT.

D'EPERMONT.

Vous vous rappellez bien mes ſpéculations,
Et que, ſur un vaiſſeau, j'avois riſqué des fonds;
J'en attendois beaucoup. Sur cet eſpoir fragile,
Moi, fort ſur les projets, j'en avois bâti mille:
Eh bien! tout l'équipage a, dit-on, fait capot;
Le navire eſt au Diable, ainſi que mon dépôt.
Cette reſſource éteinte, il ne m'en reſte aucune.
Les vents ont ſans retour emporté ma fortune.

Mdme. DE FOLANGE.

Et c'eſt d'un air riant que vous contez cela?

D'EPERMONT.

Le ciel veut m'éprouver par ces contre-temps-là.

Mdme. DE FOLANGE.

Votre ſécurité me paroît ſurprenante;
Mais, s'appliquant à tout, elle eſt déſobligeante.
Rien, rien ne vous affecte... & les vents, pour toujours,

Ont, ainsi que le reste, emporté vos amours.

D'EPERMONT.

Mes amours! parlons-en.

Mdme. DE FOLANGE.

Et, que peut-on en dire?

D'EPERMONT.

Tout ce qu'il vous plaira.

Mdme. DE FOLANGE.

Ma patience expire.
Depuis que vous m'aimez, que vous me l'avez dit,
J'ai voulu vainement alarmer votre esprit.
Je n'ai rien négligé, feinte, adresse, caprice;
J'aurai même essayé quelque bonne injustice:
Toujours tranquille & gai, toujours l'air du bonheur!
Un Amant tel que vous ne fait aucun honneur.

D'EPERMONT.

De quoi vous plaignez-vous? si l'amour peut vous plaire,
Hé! ne vous ai-je pas, sans trouble & sans colere,
Avec ce cher Baron, au gré de ses desirs,
Ménagé prudemment de très-heureux loisirs?

Mdme. DE FOLANGE.

Ah! ne m'en parlez point... Dites-moi donc, Florville
Est-il devenu fou?

D'EPERMONT.

Moi, je le trouve habile.

Mdme. DE FOLANGE.

Moi, très-impertinent. J'ai ſu le démêler.
Regardez-moi... voyons, oſez diſſimuler.
Qui l'arrête en ces lieux ? répondez, je vous prie.
Seroit-ce la Marquiſe, ou bien, eſt-ce Emilie ?

D'EPERMONT.

Pas le mot. Devinez.

Mdme. DE FOLANGE.

Voyez le grand ſecret !
Emilie a, tantôt, par un trouble indiſcret...

D'EPERMONT, (*ſe rapprochant d'elle.*)

Paix donc !

Mdme. DE FOLANGE.

Pourquoi ?

D'EPERMONT.

Pour tout. C'eſt une grande affaire.

Mdme. DE FOLANGE.

Je n'ai rien ſu de vous ; donc, je n'ai rien à taire.

D'EPERMONT.

Eh ! qu'avez-vous à dire ?

Mdme. DE FOLANGE, (*en riant.*)

Oh ! ce qu'il me plaira ;
Et, ſi l'humeur me prend, Florville en répondra.
Apprenez de quel prix eſt payé votre zele.

D'EPERMONT.

Quoi ?

Mdme.

Mdme. DE FOLANGE.

N'a-t-il pas voulu, ce Marquis sans cervelle,
Sans trop s'embarrasser si je vous aime, ou non,
Me prouver qu'il falloit épouser le Baron ?

D'EPERMONT,

Seul je l'ai fait parler : oui, je fus seul coupable.

Mdme. DE FOLANGE.

Le monstre !

D'EPERMONT.

Un tel hymen m'a paru proposable.
J'ai vu que le Baron pouvoit vous convenir,
Et, par bon procédé, j'ai voulu vous unir.
Il faut quelque principe....

Mdme. DE FOLANGE.

Admirable systême !
Traître !... j'épouserai, je le puis, car on m'aime.
Oh ! je vois à votre air que vous n'en croyez rien ;
Et, pour vous en convaincre, il est un sûr moyen.
Je cours m'en occuper ; le Baron est sévere :
Mais, depuis que je pense, il est fait pour me plaire.

SCENE II.

D'EPERMONT, (*seul, suivant des yeux Madame de Folange.*)

Je ne me trouble pas; c'est un bonheur que j'ai :
(*à lui-même.*)
Mais, après le dépit, prenons garde au congé.
Goûts, caractere, humeur, en nous, tout est sortable.
Elle est toujours plus folle, & toujours plus aimable.
J'attends notre cher Duc, qui, dans ce moment-ci,
Arrive de Versaille, & va se rendre ici.
On l'aura bien traité, rien n'est plus vraisemblable...
Hé bien, il en sera, je gage, inconsolable.

SCENE III.

D'EPERMONT, Le BARON, Le DUC.

Le BARON, (*au Duc, en appercevant d'Epermont.*)

Parlez-lui; j'attendrai. Son ton gai me déplaît.
(*Il s'éloigne, s'assied dans le fond du théâtre & prend un livre.*)

Le DUC, *à d'Epermont.*

Vous avez, Chevalier, obtenu l'intérêt

Qu'on demandoit pour vous : la chose est décidée.

D'EPERMONT.

Ah ! l'affaire, je crois, me revient dans l'idée.
Nos ayeux se passoient de ces miseres-là ;
Mais le ton de nos mœurs expose à tout cela.

Le DUC.

Qu'y faire ? il faut céder, pour soutenir l'attente
Du legs un peu tardif de la vieille parente.

D'EPERMONT.

Oh ! qu'il tarde encor plus ! qu'elle vive cent ans,
Et même par-delà, de grand cœur j'y consens.
Tout de bon, moi, je l'aime : Aussi je la fais rire,
Dieu sait ! des riens du jour je m'amuse à l'instruire.
Je lui fais quelque emprunt, quand le cas est urgent ;
Mais la gaité m'acquitte, & vaut bien son argent.
Ah çà . . . serai-je astreint à quelques signatures ?

Le DUC.

Belles sujétions !

D'EPERMONT.

Je les trouve un peu dures.

Le DUC.

Quel homme ! Ainsi, mon cher, & le bien & le mal,
Chez vous, dans tous les tems, trouvent un front égal.
Dût-elle être un bonheur, (car c'est ainsi qu'on pense)
C'est au moins un défaut que votre indifférence.

D'EPERMONT.

Oh! j'en tombe d'accord ; je m'en ſuis dit autant.
J'ai l'horrible défaut d'être toujours content.

Le DUC.

Le chagrin tient à l'ame.

D'EPERMONT.

Il faut pouvoir en prendre.
Tenez, mon cher Semours, ceci va vous ſurprendre.
Quand j'aurois vos honneurs, vos amples revenus,
Vos titres ſi brillans, vos entours ſi connus,
Et ces poſtes nombreux qui ſemblent vous contraindre,
Je ne m'en croirois pas pour cela plus à plaindre.
Prêt à tous ces aſſauts, ou prompt à m'aguerrir,
Je me réſignerois : il faut ſavoir ſouffrir.

Le DUC.

Quel calme !

D'EPERMONT.

Plaignez moi, car tout eſt inutile.
Je ne changerai point.

Le DUC.

Soit.

D'EPERMONT.

J'oubliois Florville.
Hé bien, que lui dirai-je ? avez-vous réuſſi ?

Le DUC.

On l'a dû prévenir, & l'envoyer ici.

A ce que je promets, je ſuis toujours fidele ;
Mais c'eſt à lui ſeul...

D'EPERMONT.

Bon ! j'ai fait preuve de zele.
(*Il rit en regardant le Baron, & ſort en chantant.*)

SCENE IV.

Le DUC, Le BARON.

Le BARON, (*ſe levant.*)

CHANTE, bourreau !

Le DUC (*allant au Baron.*)

Pardon, ſi je vous ai quitté.
(*Après une pauſe.*)
Là-bas, en apparence, on m'a fort bien traité.

Le BARON.

Mais, c'eſt ce qui me ſemble.

Le DUC.

Ah ! vous penſez, je gage,
Que je ſuis, en ſecret, content de mon voyage.
Il s'en faut... qui ? moi, croire à ces dehors trompeurs !
Non, j'arrache le maſque, & je lis dans les cœurs.
J'obtiens très-aiſément des graces très-légeres,
Et je me vois ravir celles qui me ſont cheres.

Le Ministre m'a fait un accueil séduisant,
Et c'est tout : pas un mot sur le Gouvernement,
Ce prix de quarante ans d'un service fidele,
Réclamé par l'honneur & brigué par mon zele!
Cela s'entend, je crois. Quelles gens! quel Pays!
Je n'ai point fait un pas, sans trouver vingt amis.

Le BARON.

Vingt fléaux!

Le DUC.

C'est le mot: ou méchans, ou frivoles,
Stériles en effets, mais non pas en paroles.
Pour mon compte d'ailleurs, dois-je tant me flatter?
On cache dans la nuit les coups qu'on veut porter.
Ainsi la haine adroite a l'air de vous sourire:
Son regard vous caresse & sa main vous déchire.
J'erre dans un dédale où l'art embellit tout;
L'abord en est riant, mais l'abyme est au bout;
Et si, près d'y tomber, la prévoyance hésite,
L'intrigue est aux aguets, qui vous y précipite.
L'inévitable intrigue, invisible serpent,
Qui se glisse dans l'ombre, & vous pique en rampant.
En vain on voudroit fuir ce monstre que j'abhorre,
Ses traits vous ont percé, que l'œil le cherche encore.
Le moyen d'y parer! plus d'abri... plus de foi...
Mes amis, au besoin, parleront contre moi.

Le BARON, (*serrant le Duc dans ses bras.*)

Le Ciel confirma-t-il votre terreur funeste,

Comptez fur un du moins, puifque mon cœur vous refte.

Le DUC, (*avec attendriffement.*)

Il eft mon feul afyle... Ah! Baron, je pourrois
M'appefantir encor fur des chagrins plus vrais.
Vous le favez, j'aimois une femme charmante;
Vous la croyez folide, autant qu'intéreffante.
Je vous avois bien dit que vous la jugiez mal.
Tout eft vrai, tout eft fu, Florville eft mon rival.

Le BARON.

Je parierois que non.

Le DUC.

Comment? Sur quel augure?...

Le BARON.

Souvent on croît certain ce que l'on conjecture.

Le DUC, (*avec la plus grande fenfibilité.*)

Que ne puis-je douter! ami, trop de raifons,
Des foins, des aveux même ont fondé mes foupçons.
Hé bien... à fon nom feul mon cœur s'émeut encore:
Ce cœur défefpéré, plus que jamais l'adore....
J'aurois fait fon bonheur! un autre, un autre, hélas!
N'ayant pas mon amour, ne l'appréciera pas.
Et peut-être fes pleurs.... cette idée importune,
Plus que tout à la fois comble mon infortune.

Le BARON.

Ce malheur, pour y croire, eft encor bien nouveau;

Je n'ai point le travers de voir les gens en beau:
Mais, frondant librement, j'estime avec franchise,
Et je ne puis d'un tort soupçonner la Marquise.
Florville....

Le DUC, (*hors de lui.*)

Je l'abhorre... & pourtant aujourd'hui,
Je ne me suis vengé, qu'en agissant pour lui.

SCENE V.

FLORVILLE, Le DUC, Le BARON.

FLORVILLE, (*au Duc qui ne peut contenir son humeur.*)

On m'a dit à quel point mon sort vous intéresse.
A m'acquitter, Monsieur, tout veut que je m'empresse,
Et ma reconnoissance....

Le DUC.

Ah! de grace, arrêtez....

FLORVILLE.

Puis-je savoir, au moins, l'effet de vos bontés?

Le DUC.

J'ai réussi, Monsieur....

FLORVILLE.

Comment d'un tel service?...

Le DUC.

Vous ne me devez rien, & l'on vous rend justice.
Votre nom, vos talens... Vous ne tarderez point
A rejoindre... il est bon d'être exact sur ce point.

FLORVILLE.

Pardonnez : un attrait, dont je ne suis pas maître,
En ces lieux, malgré moi, me retiendra peut-être.

Le DUC, (*au Baron.*)

Allons. Ce que j'ai fait, contre moi va tourner.
(*à Florville.*
Le zele cependant...

FLORVILLE.

Je me sens entraîner.
Ah! mon sort désormais de vous seul va dépendre :
C'est le plus grand bienfait, & j'ose encor l'attendre.

Le DUC.

Quoi donc?

FLORVILLE.

Monsieur le Duc, un objet enchanteur,
Sur qui vous pouvez tout, a captivé mon cœur.
Je l'aime, je l'avoue, avec idolâtrie,
Et vous ferez d'un mot...

Le DUC.

Oh! non pas, je vous prie.
Soyez aimé, d'accord; soyez heureux, très-bien!

Mais souffrez, s'il vous plait, que je n'y sois pour rien.

FLORVILLE.

Ce que vous exigez, Monsieur, est impossible.

Le DUC, (*au Baron.*)

Cette obstination est incompréhensible.

FLORVILLE.

L'excès de mon malheur ne vous est pas connu,
Et quand je vous dois tout, je n'ai rien obtenu.

Le DUC, (*au Baron.*)

Le reproche est touchant, & l'instance admirable!
Jamais à son rival on n'en fit de semblable.

FLORVILLE.

Votre rival, Monsieur! eh! quelle est votre erreur!
Que vous pénétrez mal les secrets de mon cœur!
Vous ignorez les vœux dont mon ame est remplie,
Et mon amour tremblant veut parler d'Emilie.

Le DUC, (*transporté, & avec le délire de la joie.*)

(*à Florville.*)

Emilie! est-il vrai?.. quoi! Monsieur!.. cher Baron,..
Je renais à la joie, en perdant mon soupçon.
Combien j'étois injuste! ô regret! ô surprise!
Malheureux! qu'ai-je fait? courons chez la Marquise.

SCENE VI & derniere.

EMILIE, FLORVILLE, La MARQUISE, Le DUC, Le BARON, Mdme. DE FOLANGE, D'EPERMONT.

Le DUC, (*se précipitant aux genoux de la Marquise.*)

JE sais... j'ai tout appris... je tombe à vos genoux ;
C'est le plus vif regret qui succéde au courroux.
Comment puis-je expier mon erreur outrageante ?
Quels droits à la vertu, lorsqu'elle est indulgente !

La MARQUISE.

Ecoutez-moi : tantôt, dans votre emportement,
Vous preniez cet écrit pour un billet galant.
Lisez....

Le DUC, (*parcourant le Billet.*)

Quoi ? St. Albans ! cette grace imprévue...
(*A la Marquise.*)
Elle double à mes yeux : c'est à vous qu'elle est due.

La MARQUISE.

Vos malheurs, où sont-ils ? les voilà disparus !
Vous n'en aurez jamais, si vous n'en cherchez plus.

Le DUC.

Le plus grand est pour moi d'avoir pu vous déplaire,

Madame, & celui-là n'eſt point imaginaire.
Ah! mon funeſte amour n'a plus de droits ſur vous.
Vous ne voudrez jamais m'accepter pour époux?

La MARQUISE, (*en ſouriant.*)

Vous vous trompez encor.

Le DUC.

Quel vœu me reſte à faire?
Quoi! l'amour me pardonne, & la raiſon m'éclaire!
Votre aimable aſcendant, vainqueur de mes deſtins,
A mon avide eſpoir promet des jours ſereins.

La MARQUISE.

Je me l'étois promis; mais, je vous le déclare,
Les chagrins qu'on a faits, il faut qu'on les répare.
(*Montrant Emilie & Florville.*)
Ils s'adorent tous deux: le Marquis eſt placé,
Et généreuſement vous l'avez avancé.
Vous ſavez à quel point vous m'avez affligée,
Et j'attends leur hymen, pour être bien vengée.
(*En ſouriant.*)
Il faut me l'accorder.

D'EPERMONT, (*au Duc.*)

Vous le devez, d'honneur.

Le DUC, (*regardant les Amans, & ſe retournant vers la Marquiſe.*)

Que peut-on refuſer dans l'inſtant du bonheur?

EMILIE.

Mon frere!

FLORVILLE.

Mon appui!

Mdme. DE FOLANGE.

Que leur ſort m'intéreſſe!

FLORVILLE.

L'impreſſion eſt foible, & manque à mon ivreſſe.

Le BARON, (*au Duc.*)

Eh! mais, écoutez donc, pour un infortuné,
Je vois que tout ceci n'a point trop mal tourné.

D'EPERMONT, (*à Madame de Folange.*)

Et nous ?

Mdme. DE FOLANGE.

Vous épouſer ? l'entrepriſe eſt hardie....
Ne m'en défiez pas... j'en ferois la folie.

Le DUC, (*à la Marquiſe.*)

Vos ſentimens, les miens, vos ſoins pleins de douceur,
Vont guérir mon eſprit, en parlant à mon cœur.

La MARQUISE.

(*en lui offrant ſa main.*)

Tous mes vœux ſont remplis ; recevez-en ce gage.
Votre bonheur, Semours, ſera donc mon ouvrage!
Il n'eſt point de travers qu'un penchant généreux
Ne corrige à la fin dans un cœur vertueux.

FIN.

APPROBATION.

J'AI lu, par l'ordre de Monsieur le Lieutenant Général de Police, *le Malheureux imaginaire*, Comédie en vers, & en cinq Actes; & je n'y ai rien trouvé qui m'ait paru devoir en empêcher, ni la Représentation, ni l'Impression.

A Paris, ce 6 Septembre 1776.

CRÉBILLON.

Vu l'Approbation, permis d'imprimer & de représenter.

A Paris, ce 7 Septembre 1776.

LENOIR.

CATÉCHISME DE MONTPELLIER.

TOME SECOND.

www.ingramcontent.com/pod-product-compliance
Lightning Source LLC
LaVergne TN
LVHW012114170826
845678LV00001BA/135

* 9 7 8 2 3 2 9 7 5 4 4 6 8 *